T0294555

Nora Rodríguez

Educar para la paz
La neurociencia
de la felicidad responsable

editorial Kairós

© 2018 by Nora Rodríguez
Autora representada por IMC Agencia Literaria

© 2019 by Editorial Kairós, S.A.
  Numancia 117-121, 08029 Barcelona, España
  www.editorialkairos.com

Fotocomposición: Moelmo, S.C.P. Girona, 53. 08009 Barcelona
Diseño cubierta: Katrien Van Steen
Impresión y encuadernación: Romanyà-Valls. Verdaguer, 1. 08786 Capellades

Primera edición: Enero 2019
ISBN: 978-84-9988-664-0
Depósito legal: B 70-2019

Este libro ha sido impreso con papel certificado FSC, proviene de fuentes
respetuosas con la sociedad y el medio ambiente y cuenta con los
requisitos necesarios para ser considerado un «libro amigo de los bosques».

Agradecimientos

Este libro empezó a escribirse en mi interior hace muchos años, cuando descubrí que las conexiones con otros seres humanos a veces son tan profundas que pueden dar un giro a nuestra vida. Algunas han sido increíblemente auténticas, y no dependieron ni siquiera de si había o no un vínculo previo, o si habían llegado a mi vida por casualidad. Lo único importante es que, en todas, ambas partes hemos custodiado con recelo el hecho de tener un poco del otro en nuestro interior, y lo hemos hecho con amor, cuidado y gran esmero. Gracias a mi hermana y a mi hermano por poner siempre a buen recaudo mis sentimientos. Gracias a mi hijo Santiago, con quien siempre nos miramos desde el corazón. Y a Eli, por su talento para entender el poder de las palabras y sus sugerencias creativas al leer algunos de los capítulos de este libro

Agradezco también a la doctora Nadia Szeinbaum, microbióloga, la revisión científica de este libro y sus importantes observaciones.

Sumario

Introducción:

El secreto de la felicidad responsable   **13**

La rata finalmente sale de la rueda   **16**

Del contacto con la naturaleza a la experiencia
    social   **19**

La importancia de pensar en los demás...   **23**

Razones para que leas este libro...   **26**

1. Éticos desde antes de aprender a gatear...   **35**

¿Equipados desde bebés?   **40**

¡Esto no es justo!   **43**

Primeros destellos de moralidad   **50**

«¡Esto sí que es grave!»   **53**

«¡Quiero hacer esto por ti!»   **54**

Padres y docentes que inspiran...   **56**

2. «A que yo sé qué te pasa...»   **79**

«Tócate la nariz»   **81**

Dejemos que los niños fluyan naturalmente   **83**

¿Qué hace que los niños puedan dar un paso
    más allá del dolor?   **87**
La importancia de la resiliencia para educar
    la felicidad responsable   **89**

3. **Nacidos para la generosidad**   **105**
    La generosidad no solo mueve montañas,
        también mueve el cerebro   **109**
    «Se busca líder generoso»   **111**
    Cinco formas de generosidad que pueden
        practicar niños y adolescentes   **112**
    Desde un círculo cercano...   **116**

4. **Ciertamente, la amabilidad mejora la vida**
    de todos   **127**
    Los humanos nos despiojamos a nuestro modo   **129**
    Los niños también chismorrean   **130**
    ¿Hablar o bostezar?   **131**
    Enseñemos a escanear el efecto de la amabilidad **134**
    Construye comunidad de niños y adultos amables
        en el barrio y en la escuela de tus hijos **136**
    La amabilidad en las redes sociales   **137**
    ¿Y si la amabilidad de los hijos dependiera
        de la amabilidad de los padres?   **140**

5. **La danza del cuidado mutuo**   **151**
    Imaginemos juntos un mundo mejor   **157**

Cómo enseñar a los hijos la importancia
    del cuidado mutuo   **160**

6. **Aquí y ahora en la casa grande**   **171**
Amar la naturaleza   **174**
Verdaderos baños de bienestar   **175**
De la conexión con los seres vivos a la inteligencia
    intuitiva   **176**
Por más clases fuera que dentro del aula   **180**
Padres y docentes eco-conectados   **183**

Epílogo
¿Y si para avanzar hubiera que educar en sentido
contrario?   **195**
(... O por qué ir en contradirección no siempre
    es tan malo)   **195**
Un alto precio   **199**
Hacia una nueva mirada para las emociones
    y los sentimientos   **205**
Escuelas que ponen primero el foco en lo que
    nos hace humanos   **207**
Veinte cuestiones casi imprescindibles
    más una fundamental   **210**

Notas   **215**

Bibliografía   **219**

«Hay un dicho en tibetano, "la tragedia debe ser utilizada como una fuente de fortaleza".

No importa qué tipo de dificultades pasemos, cómo de dolorosa es la experiencia, si perdemos nuestra esperanza, ese es nuestro verdadero desastre.»

DALAI LAMA

Introducción

El secreto de la felicidad responsable

Siempre me he preguntado por qué, si no nos resulta complicado dedicar parte de nuestro tiempo a cosas que nos interesan, no nos regalamos cada día unos minutos para cultivar y practicar la gratitud. No me refiero al acto de agradecer el milagro de haber nacido o que nuestro ADN haya sido medianamente afortunado para haber llegado hasta aquí. Ni tampoco a que nuestros viejos amigos sigan acompañándonos a pesar de sus propias vicisitudes y de las nuestras. Me refiero simplemente a agradecer aquellas experiencias aparentemente sencillas que impactaron de tal modo en nuestra vida que nuestra existencia empezó a tomar otra dirección y se convirtió en algo realmente excepcional y dotado de sentido. Cada una de esas vivencias, incrustadas en lo cotidiano y por lo tanto invisibles, no solo diseñaron con su huella lo que hoy somos, también nos dieron la oportunidad de acercarnos al mayor secreto de la felicidad, que consiste en que podemos contar con los demás, y que disponemos de increíbles recursos para que los demás puedan contar con nosotros.

En mi caso, una de esas experiencias fue sin duda mi primer trabajo como educadora de niños que vivían en contextos difíciles. Cuarenta y siete niños, de tres a cinco años, que me demostraron la importancia de educar el corazón. Fueron ellos los que me colocaron en un camino que me condujo hasta este lugar profesional y humano en el que hoy quiero estar, y que no es otro que impulsar una pedagogía para la felicidad responsable, la que pone el foco en el cerebro social, en aquello que nos hace verdaderamente humanos.

Y lo hicieron desde una escuela humilde, en una ciudad del sur de Argentina, en medio de un paisaje dominado por el frío, de inviernos rigurosos, pero donde los almendros no temen despuntar flores rosadas después de soportar increíbles heladas, incluso mucho antes de llegada la primavera.

A aquellos niños, acabé trenzándolos de tal modo a mi alma que no han dejado de acompañarme hasta hoy, a pesar de haber transcurrido más de tres décadas. De hecho, aún recuerdo nítidamente la expresión en sus caras el primer día de clase. Una mezcla de ingenuidad y esperanza, apagada de tanto en tanto por ráfagas de incontrolable tristeza o por lágrimas que se pegoteaban en sus mejillas. Casi todos, provenían de entornos con serios problemas familiares, sin embargo, nunca dejaron de devolver una sonrisa cuando alguien les regalaba una mirada de afecto o cuando se les ofrecían palabras de respeto, amor o comprensión. En pocas semanas, esos niños se convirtieron en mis mejores maestros de vida. Lo primero que me enseñaron fue que más allá de lo que nos ocurra, nuestra percepción puede cambiar si conectamos corazón a corazón, si despertamos la esperanza, si estamos cerca de personas que nos reconocen, nos respetan, nos quieren, y lo mejor de todo: a las que queremos. Me enseñaron también que, cuando el profundo deseo de ser apreciado y tenido en cuenta es satisfecho por adultos con empatía, aun lo más doloroso puede aliviarse.

Y que si hacemos cosas por los demás, por pequeñas que sean, las heridas internas poco a poco se cierran. Porque cualquier gesto para mejorar la vida de las personas que nos rodean, sin esperar nada a cambio, permite contactar con la grandeza interior.

Lo supe, porque eso fue exactamente lo que empezó a pasar en el aula a las pocas semanas de estar juntos. Un gran aprendizaje que ocurría en un aula como sucede en cualquier familia donde nadie se siente solo ni triste por mucho tiempo si se promueven actos de altruismo y generosidad. Y por poca edad que tengan quienes los comparten. Si prevalece el sentimiento de que participan de una misma causa, aunque los más pequeños no sepan muy bien de qué causa se trata, pero sienten emociones sociales positivas y contactan con su potencial interior, también se sentirán importantes para los demás... También descubrirán nuevos sentimientos de bienestar, que despuntarán como las flores rosadas de los almendros.

La rata finalmente sale de la rueda

Día tras día, mientras iba conociendo a aquellos niños, y descubría sus debilidades y fortalezas, me preguntaba cómo podía hacer para que las ráfagas de dolor que aún expresaban en sus rostros no se convirtiera a medio plazo en indiferencia emocional. Tampoco dejé de buscar respuestas para que avanzaran hacia emociones y sentimientos constructivos, fortaleciendo los vínculos entre ellos, aunque solo fuera dando pequeños pasos.

¿Cómo podía lograrlo antes de acabar el curso?

Parte de aquellas dudas las he contado en el TEDx: «Despierta el cerebro social de un niño y despertarás sus talentos», pero lo cierto es que fueron muchas más. De hecho, estuve durante las primeras semanas sintiendo que mi mente funcionaba como aquella imagen de la rata que corre a toda velocidad sobre una rueda sin poder frenarse para ver alguna salida. No paraba de buscar estrategias que se hubieran llevado a cabo en otros lugares, pero apenas encontraba alguna que podía funcionar, la desechaba porque la realidad de esos niños no era homogénea. Por fortuna, ya sabía dos cosas. La primera, que necesitaba brindarles oportunidades de cambio y de crecimiento; la segunda, que era urgente abrirles ventanas que les permitieran estar en otra realidad, al menos durante el tiempo que estaban en la escuela.

Entonces vino a mi mente la «Teoría del aprendizaje social» del profesor de la Universidad de Stanford, Albert Bandura, que sostiene que los niños aprenden unos de otros con solo imitar comportamientos, a partir de la interacción social, tanto en lo que se refiere a la conducta como a la manera de pensar, lo que promueve en ellos verdaderos saltos cualitativos en los aprendizajes. He de decir que, al revisar sus investigaciones, de inmediato la certeza de que iríamos por buen camino resonó en mi interior, y esa idea me llevó a otra y a otra, hasta dar con uno de los principios fundamentales y su teoría del aprendizaje social: «El aprendizaje es bidireccional: nosotros aprendemos del entorno, y el entorno aprende y se modifica gracias a nuestras acciones». La clave estaba pues en que cada uno de esos niños fuera una parte activa en el aula, y que todos aprendieran de todos. Había que crear un entorno positivo, en el que pudieran sentirse protegidos y cuidados, y desde ahí trabajar objetivos comunes para lograr –hasta donde pudieran– sus aprendizajes. Era consciente de que cada uno tendría su propio ritmo. Hoy tal vez hubieran venido a mi mente palabras del neurocientífico John Cacioppo, creador de la neurociencia social: «Los humanos crecemos, aprendemos y nos desarrollamos en grupo», pero no fue el caso, aunque en ese momento ya tenía claro que el camino debía ir por ahí.

(La rata, sin duda, estaba logrando frenar la rueda.)

El primer paso fue romper con la vieja tradición de que en cada una de las mesas los niños estuvieran obligados a sentarse por edades similares, porque así se había hecho siempre, algo propio en muchas escuelas a las que acuden niños con dificultades sociales en las que normas rígidas sustituyen una importante carencia de estrategias y recursos emocionales. Hoy las neurociencias han demostrado que para los niños, en cualquier contexto, es altamente beneficioso formar parte de grupos heterogéneos. ¿La razón? Es más difícil que niños de la misma edad colaboren unos con otros porque tienden a competir entre ellos. En aquel momento yo buscaba que los más grandes fueran los maestros de los más pequeños, así que los invité a elegir sus propios lugares. La consigna para romper moldes fue: «Busco el lugar que me hace feliz».

Las normas nunca deberían ir en contra de las necesidades biológicas, sociales y psicológicas de un niño. Obviamente, saltármelas me trajo algún que otro dolor de cabeza con la dirección, pero me permitió dos cosas: convencerme de que los profesores necesitan libertad para enseñar como lo crean conveniente según sus fundamentos pedagógicos y –como demostró Bandura– comprobar los grandes progresos de los niños cuando forman parte de un grupo pequeño y heterogéneo.

El segundo paso fue poner en marcha los sistemas de ayuda mutua. Para ello usamos «la magia de los guantes rojos». El juego consistía en que, independientemente de la edad, el que tuviera algo para enseñar o hacer por otro, podía ir a la caja mágica que estaba al lado de la puerta y ponerse un guante rojo o llevarlo en el bolsillo hasta el momento en que considerara que tenía que usarlo, lo que les daba cierto protagonismo y mayores posibilidades de reconocimiento.

Al final del día, todos habían experimentado muchos momentos de bienestar, ya que el simple acto de «dar» y que otro te devuelva una sonrisa, porque había obtenido algo, permitía que ambos, al final del día, pegaran en cualquier lugar de las viejas paredes caritas sonrientes que hacían juntos con el material que ellos elegían. Los había quienes las confeccionaban con papel de periódico, otros usaban cartulina y plastilina, otros dibujaban con tizas sobre cartón....

Lo importante era que los que daban y los que recibían decidían y creaban juntos, y luego dejaban su sello personal en un espacio. De este modo, «la magia de los guantes rojos» no era otra que fortalecer vínculos y mantener más tiempo la sensación de bienestar. Y de casualidad ocurrió algo más: nuestra sala se convirtió en un entorno de felicidad, un lugar para la alegría: en tan solo unos meses, mirásemos donde mirásemos, nos llegaban ramilletes de sonrisas desde las que en otro tiempo fueran unas amarillentas y despintadas paredes.

¡La rata ya había bajado de la rueda!

Del contacto con la naturaleza a la experiencia social

La falta de material en el aula nos llevaba indefectiblemente a buscar cada mañana el material didáctico en el bosque que lindaba con el colegio. Siempre seguíamos el mismo ritual:

dejar abrigos y elementos personales en el espacio destinado a cada uno según consigna; sentarnos en círculo y saludarnos uno a uno y por nuestros nombres; y sentarnos a desayunar, lo que para muchos de ellos era la primera bebida caliente del día. Después nos íbamos de excursión a ver qué nos proporcionaba la naturaleza y decidir entonces qué íbamos a estudiar ese día.

Personalmente, sabía que era muy importante el principio y el final de la experiencia, pero lo que ocurriera durante el proceso era exclusivamente invención de aquellos niños. Solo les enseñaba a comparar, analizar semejanzas y diferencias, tamaño, forma, color..., y ellos decidían cómo agrupar, comparar, etcétera.

Si encontrábamos insectos, habría clase de ciencias, observando y devolviendo los diminutos animales a su medio. Alguna vez seguimos a las hormigas y aprovechamos para hablar sobre la importancia de la ayuda para cuidarnos entre todos. Si los árboles empezaban de dejar caer sus hojas secas en el otoño, pues recogíamos unas cuantas para hablar de los colores de la naturaleza o para llevar a cabo alguna actividad decorativa o plástica grupal, como murales. Si había llovido, la tierra mojada nos permitía modelar, y si encontrábamos piedras de diferentes medidas, pues podía tocar desde introducción a las matemáticas, clase de música con maracas hechas por ellos con vasitos de yogur o clase de literatura, en la que me convertía en una cuentacuentos donde las piedras que habían recogido tuvieran cierto protagonismo.

Ciertamente estaban aprendiendo con un estilo de aprendizaje flexible y por descubrimiento, decidiendo juntos cada día lo que iban a aprender, dándoles al mismo tiempo oportunidades para manipular, descubrir sensaciones, así como la posibilidad de elegir actividades que implicarían explorar y analizar y que incrementaban la curiosidad y el asombro.

Lo que para nosotros era una realidad obligada, porque lo cierto es que no teníamos otra opción, hoy sería un verdadero modelo de innovación y aprendizaje autónomo: conexión social, búsqueda de material, diseño del propio aprendizaje y trabajo colaborativo... Para nosotros, sin embargo, lo realmente fascinante era que lográbamos convertir momentos simples en grandes experiencias.

Mientras los niños se organizaban para buscar, indagar, debatir, clasificar por formas y colores, para comparar, descubrir, luchar por ver quién lo había visto primero, defender su territorio o sus ideas, preguntar, responderse y buscar respuestas, actualizaban permanentemente sus capacidades sociales y cognitivas, dando pasos gigantescos en sus aprendizajes, siempre desde la libertad de aprender a su modo, algo fundamental a estas edades.

Educar a los niños por lo que son, educar su humanidad, no desde lo que los programas dicen cómo deben ser o qué deben saber a cada edad, les permite una mayor motivación. ¿Podríamos insistir en que hay una relación entre educar para la paz y «la pedagogía de la felicidad responsable»? Sin duda. La felicidad que integra a los demás, que incluye su bienestar, proporciona una sensación de libertad que les permite a los niños estar más conectados consigo mismos y con la naturaleza, les permite más *Karuna*, como llaman en Japón a las situaciones que conmueven emocionalmente, en las que lo fascinante no es solo la situación en sí, sino el contagio emocional que promueve y cómo cada niño saca lo mejor de sí. No en vano se trata de un término que existe también en sánscrito, y que significa «compasión».

Las investigaciones del psicólogo Jerome Kagan, profesor emérito de la Universidad Harvard, demuestran por qué. Para este pionero en psicología del desarrollo, solo se trata de un ejercicio mental simple. Es fácil subrayar que el ser humano es naturalmente *más bueno* que *malo*, digamos que tiende a hacer más el bien, porque la suma total de la naturaleza humana acerca más a la bondad que a la maldad, «a pesar de que los seres humanos han heredado un sesgo biológico que les permite sentir ira, celos, egoísmo y envidia y ser duros, agresivos o violentos, también disponen de un legado biológico todavía más fuerte que les inclina hacia la bondad, la compasión, la cooperación, el amor y el cuidado, especialmente hacia los más necesitados».

Independientemente de la edad, todos los seres humanos aprendemos mejor y somos mejores cuando nos sentimos libres. Este es el verdadero sentido del aprendizaje autónomo, cuando cada uno aprende hasta donde puede desde su deseo de saber. Además, cuando esto ocurre en grupo, el deseo por aprender se contagia. Por eso, la educación no puede ser reducida a normas. Tampoco salva a las aulas la tecnología. Creer esto es en sí un error, porque impide a los niños un último paso fundamental, que es el de evaluar por ellos mismos lo que hacen usando todos los sentidos. Ellos necesitan descubrir sus propios recursos para aprender, y sus propias señales cuando no lo logran, necesitan percibir sus propios límites, y para ello aprovechar todas las oportunidades que tienen para ayudarse mutuamente. Esto es lo que les permitirá dar un valor a lo que llevan a cabo.

Esto también forma parte de la felicidad responsable, de educar para la paz. Pareciera que nos seguimos esforzando en que en primer lugar se desarrollen sus capacidades cognitivas o que sepan rápidamente ser hábiles en matemáticas, pero dejamos de lado lo que mejor sabe hacer el cerebro humano, para lo que parece haber sido diseñado, que es para conectar con otros y pensar socialmente, y específicamente en el bienestar del grupo, y a partir de ahí aprender mejor.

La importancia de pensar en los demás...

Crear sistemas de ayuda en el aula y fuera de ella permitió que los niños de cuatro y cinco años se sintieran increíblemente entusiasmados por hacer cosas para otros, incorporando sin problemas en su forma de actuar nuevas consignas, como la amabilidad, el agradecimiento, la conversación amistosa y la sonrisa, que contagiaron a los más pequeños. Los sistemas de ayuda funcionaron y enseguida actuaron como un motor, como un activador de bienestar. Probablemente, porque ayudarse es más fácil para los niños de estas edades que cooperar. Ayudar siempre parte de lo que tiene o le falta al otro. Mientras que cooperar implica estar obligado a dar una parte de algo que nos pertenece. Cuando un niño ayuda a otro, el que recibe se siente bien, pero mejor se siente quien da. Algo imprescindible para aquellos pequeños que transportan una pesada mochila emocional desde edades tempranas.

La experiencia de ver, al poco tiempo de promover sistemas de ayuda, la expresión de sus ojos más abiertos y vivarachos que de costumbre por las ganas de compartir apenas llegaban a clase, no solo promovió un profundo efecto inspirador en sus vidas, sino que indudablemente también lo tuvo en la mía. Durante los diez meses que compartí con aquellos niños comprobé que la única forma de educar para la paz es hacer que los niños se perciban respetados, tenidos en cuenta y queridos, y poner a su alcance experiencias que apunten al bienestar de todos.

Junto a ellos brotó en mi interior la inquietud sobre la importancia de educar el corazón, de educar la humanidad a partir de lo que cada niño trae de regalo a este mundo. Esta es la razón por la que enseñarles a ser felices implica darles la posibilidad de que se ejerciten en la felicidad responsable, la que, al incluir a los demás, garantiza que su bienestar se mantenga a largo plazo, la que les permite encontrar su voz.

Esto es lo que les permitirá comprender y adaptarse a la *sociedad líquida* que les ha tocado vivir, la descrita por el sociólogo Zygmunt Bauman, como una sociedad en estado fluido y volátil, sin valores demasiado sólidos, en la que la incertidumbre ante los cambios vertiginosos ha debilitado los vínculos humanos, pero en la que tendrán que saber transformar aquello que no les gusta.

La evolución ha diseñado nuestros cerebros para adaptarnos y para interactuar. De hecho, están diseñados para conectar con otros desde la bondad, y ser la especie más exitosa en la tierra, pero no es menos cierto que solo lo lograremos si nos tomamos en serio el trabajo de cómo enseñar a serlo.

No es una buena decisión evolutiva seguir educando con estrategias de guerra o con la ley del «sálvese quien pueda». No es inteligente, si queremos empezar escribir la historia en una agenda global en la que ya hay cuestiones urgentes.

No sigamos enseñando a los niños que para sobrevivir solo hay que ser el más fuerte o el más listo. También se puede ser el más creativo, el más integrador, el más bailarín, el más músico, el más amante de la geometría o de las matemáticas, el más pintor, el más amable... Ellos han crecido en una época caracterizada por la conquista de una supuesta felicidad al alcance de la mano, pero esta es una felicidad que dura poco, que depende de estímulos intensos y efímeros, que se sostiene con bienes materiales y el éxito fácil, una felicidad muy pobre si solo se alcanza siendo fuerte y listo.

A ellos, la tecnología los acerca a problemas globales que de tan cotidianos pasan inadvertidos, pero que justamente por estar invisibilizados necesitarán resolverlos con otros.

Educar para la paz es, por lo tanto, enseñarles que compartimos una sola atmósfera y respiramos el mismo oxígeno con todos los seres vivos de este planeta. La nueva educación necesita reflexionar sobre esto. No se trata solo de pensar qué mundo les vamos a dejar a las próximas generaciones. De lo que se trata es de impedir que se desarrollen en una atmósfera de desconexión humana en la que el bienestar del grupo les resulte indiferente. Así que empecemos a dejarles las herramientas que sabemos que van a necesitar para que puedan seguir mejorando el mundo.

A ningún padre o docente se le escapa que es difícil educar a generaciones que han nacido en un mundo diseñado tecnológicamente. Hay muchos argumentos aprendidos y repetidos hasta el cansancio en este sentido, pero se habla poco sobre el sentimiento de desconexión que experimentan hoy niños y adolescentes y sobre por qué la tecnología no hace felices a las nuevas generaciones tal como cabría esperar, o sobre en qué consiste el sentimiento de sentirse aislados y divididos interiormente que experimentan muchos jóvenes. Tal vez se podría resolver si los adultos empezamos a compartir qué implica pensar en términos de grupo, que es pensar en lo fundamental que es cuidarnos y educarnos los unos a los otros para educar.

Razones para que leas este libro...

En casi treinta años de trabajo, en varias ocasiones me he encontrado con personas que no creían que hubiera que dedicar tiempo a educar a los niños para la felicidad responsable. Pensaban que no era necesario educar el corazón, porque los niños, por el simple hecho de serlo, ya eran felices. Y probablemente hasta no hace mucho lo eran en mayor medida cuando no estaban en el objetivo del *marketing*, y no tenían una agenda atiborrada de tareas como si sus actividades tuvieran categoría de trabajo, cuando pasaban más tiempo al aire libre y con personas de su tribu y menos solos con desconocidos o frente a una pantalla, cuando decidían cuántas horas y a qué jugar, con actividades más libres y creativas...

Hoy la sociedad es diferente, y también el modo en que los niños están obligados a adaptarse a ella y en que los adultos interactuamos con ellos.

No se tiene en cuenta que los niños necesitan más que nunca desarrollar el sentido de pertenencia, necesitan sentir que forman parte de un grupo, porque en una sociedad global, a medida que crezcan, no tendrán otra opción que experimentar múltiples pertenencias. Esto es en gran medida lo que les va a permitir encajar en el mundo. Así que, si esta es una de las demandas de la globalización, también hemos de darles la posibilidad de que perciban que desde esos lugares podrán ser agentes de cambio. Y esto obviamente no está reñido con la verdadera innovación, la que coloca en primer lugar la empatía, la compasión, el agradecimiento, el entusiasmo, o el bienestar interior. Ni tampoco está reñida con incluir el bienestar de los demás en la toma de decisiones. Este es el único modo de entender la nueva pedagogía y la nueva escuela.

Todos queremos un mundo más empático y solidario, en el que los niños se sientan felices y no sufran, pero para ello los niños y los adolescentes necesitan sentir que forman parte de una danza comunitaria por la paz. Y seguramente sufrirán en muchos momentos, pero démosles la posibilidad de encontrar lo que los hace felices de modo que puedan desarrollar sus habilidades, fortalezas y talentos.

Cómo lograrlo también está en las páginas de este libro.

Porque si entre los tres y los ocho años el cerebro humano está increíblemente predispuesto para este tipo de aprendizajes, permitámosles aprender, que practiquen la amabilidad, la generosidad, el optimismo, la empatía y la compasión, y que puedan hacerlo a su modo, pero también de una forma diferente en cada etapa evolutiva. La felicidad responsable en la infancia y en la adolescencia debe aprenderse. El cerebro humano cuenta con un sistema que nos predispone hacia los demás, incluso para ayudar a personas que no conocemos de nada, pero pocas veces o nunca se tiene en cuenta que, desde edades muy tempranas, a los seres humanos nos hace increíblemente felices ayudar a otros.

La neurociencia social, si bien es una ciencia nueva que estudia cómo se activan los circuitos en el cerebro cuando dos personas interactúan, está demostrando cada vez más que algunos circuitos cerebrales se activan solo en la vida social y que la compasión es una reacción natural para ayudar por defecto.

¿O no es verdad que cuando ocurren verdaderas catástrofes el comportamiento de los seres humanos es solidario, compasivo, y afloran los sentimientos de empatía, compañerismo y cuidado?

Estas respuestas involuntarias, estos sentimientos de cuidado y ayuda, que derivan de juicios emocionales rápidos y automatizados, evidentemente anteriores a la razón, tienen un origen evolutivo, de modo que no hay razón para no retomarlas cuanto antes si queremos que las nuevas generaciones sepan adaptarse a un mundo cada vez más incierto.

En este libro probablemente descubrirás más rápido por dónde empezar. Y además mucha información. Porque la educación para la felicidad responsable es algo que tiene que ocurrir primero en la mente de los adultos. Padres y docentes son quienes necesitan primero comprender e internalizar por qué quieren educar para la paz y de ese modo convertirse en modelos fiables para los más jóvenes.

No se trata solo de saber por qué es necesario educar de otro modo, también es fundamental descubrir cómo hacerlo en las diferentes etapas de crecimiento.

A veces la meditación y las prácticas contemplativas son un buen comienzo para lograr calma mental y regular el nivel de estrés, y a menudo basta con tomarse unos diez o quince minutos diarios para lograrlo, pero también sabemos que para educar es necesario dar un paso más y ejercitar actitudes o incluir nuevas prácticas en nuestras jornadas o bien en días determinados para el agradecimiento o para el altruismo. Cuando repetimos algo durante veintiún días es muy factible que se convierta en hábito.

Hoy las investigaciones científicas en neuroeducación demuestran la relación que existe entre la ternura, la generosidad, y la compasión. Por ejemplo, los circuitos neurológicos que llevan a la empatía y a la compasión no son los mismos, pero sí hay una conexión interesante entre la ternura y la compasión; así que, si los niños reciben manifestaciones de ternura y aprenden a expresarla, estarán abriendo la puerta para, en algún momento, llevar naturalmente a la práctica actitudes para aliviar el sufrimiento de otras personas de su edad.

He visto muchas veces cómo los niños de quince meses (generalmente de un modo natural) se ayudan unos a otros, o cómo uno de ellos es capaz de partir en dos una única galleta para compartirla. Niños de entre uno y dos años que se acercan a aquellos de su edad que lloran desconsoladamente el primer día de guardería y los abrazan o les acarician la cara en un acto de increíble empatía. Y lo llamativo es que estas actitudes no distan mucho de lo que también hacen algunos grupos de chimpancés pigmeos a orillas del río Congo, que manifiestan actitudes de consuelo y ayuda abrazando con esmero a aquellos congéneres que han salido magullados durante una pelea. Algo que resulta fascinante si pensamos que estamos tan conectados para la paz que hasta especies diferentes contamos con recursos propios y podemos llevar a cabo actos similares de un modo natural cuando se trata de ayudar a otros, de cuidar, de proteger o cooperar..., por más que a veces a algunos adultos les parezca incómodo actuar de ese modo.

Así que si nuestro cerebro está altamente preparado para conectar armónicamente con los demás, si estamos preparados para tener conexiones armónicas por nuestra naturaleza, en lugar de usar la educación como una herramienta para satisfacer únicamente nuestras necesidades competitivas y egoístas –para alcanzar maneras de acumular bienes o metas de poder–, ¿por qué no repensar la educación como una herramienta para servir a un bien mayor?

Deseo fervientemente que estas páginas sirvan para educar en un estilo de felicidad responsable, porque he comprobado que es lo único que va a ayudar a niños y adolescentes a que se entiendan a sí mismos en una sociedad dominada por la economía y la técnica, a que cultiven su interioridad y descubran con qué recursos cuentan, cómo aprenden, mientras cuidan de sí mismos, entendiendo que su bienestar no es independiente del bienestar de los demás.

No permitamos que nos siga costando tanto ver que el lado altruista, generoso, compasivo y empático es un motor potente para educarles. La felicidad de los niños no tiene que ver con colocar en sus manos, desde edades cada vez más tempranas, artilugios digitales con los que aprenden que con pasar un dedo por una pantalla borran cualquier forma de contacto o compromiso social. La Paz no es solo una definición formal, ni se reduce a sentir momentos de bienestar y armonía, es estar en paz con nosotros mismos, con nuestra consciencia, con nuestra familia, es tener una vida significativa y valiosa, y para ello es necesario enseñar a ser. La idea de que los seres humanos vivimos a fuerza de competencia es un excelente caldo de cultivo para que la economía y la política acaben diseñando el modo en que en las familias y en los colegios hay que educar. Siempre en dirección a un mayor consumo.

Siempre.

Habernos habituado a definir al ser humano solo por la razón nos ha llevado a educar desde un lugar que no hace a los niños y a los adolescentes funcionar como personas en armonía con el entorno. Ni en armonía con los demás. Aceptar este desafío es sin duda el primer paso de una gran revolución educativa.

«Con cabos de lana biológicos, afectivos, psicológicos y sociales, pasamos nuestra vida tejiéndonos a nosotros mismos.»

BORIS CYRULNIK

1. Éticos desde antes de aprender a gatear...

Resulta llamativo que no se enseñe a los niños a observar cómo la evolución favorece la paz en la mayoría de las especies mediante mecanismos de supervivencia basados en la cooperación y la ayuda. De hecho, la cooperación es algo tan corriente en las distintas especies que la evolución pareciera haberla perfeccionado con el único objetivo del cuidado del grupo, por ejemplo mediante el «intercambio de favores», y a cualquier nivel de la escala evolutiva.

En las islas Malucas (*limulus*), por ejemplo, hasta los cangrejos más pequeños no dudan en ayudar a un camarada cuando este cae de espaldas y no puede volver a apoyarse sobre sus patas por el peso de su carapacho. Entonces no es raro ver cómo sus «¿cangrejos colegas?» lo rodean e intentan rápidamente darle la vuelta empujándole desde atrás para que pueda apoyarse sobre sus patas. Pero incluso, si la cosa no resulta, no dudan en ir a buscar más «colegas» para que la fuerza de muchos les permita alcanzar el objetivo.[1] Obviamente, nada de esto es gratuito, todos ellos se están garantizando que cuando estén patas arriba alguien los irá a rescatar, lo cual no niega el papel y la importancia del egoísmo en la evolución. Como tampoco niega que los seres humanos descendemos de ancestros altamente sociales, y de un largo linaje de monos y simios que aprenden y conviven en grupo y no por opción, sino para asegurar la supervivencia de la especie.

De hecho, los seres humanos somos unos seis mil millones de personas en el mundo y no nos llevamos tan mal. Un cálculo rápido y estimado que sugiere hacer el neurocientífico y neuropsicólogo Michel Gazzaniga lo refleja con increíble claridad.[2] «Si hay aproximadamente seis mil millones de personas en el mundo, y estas seis mil millones de personas se llevan más o menos bien entre ellas. ¿Significa eso que todos y cada uno de los seis mil millones de individuos se llevan bien los unos con los otros? Si suponemos que en el cesto hay solo un 1% de matanzas podridas de un tipo u otro, eso equivale a sesenta millones de personas que causan problemas a todos los demás. Esto representa un montón de maldad, y si fuese un 5%, se deduce fácilmente que habría trescientos millones de individuos problemáticos en el mundo. Hay material para los informativos por todas partes, y por esta razón queremos saber de estos problemas, no de las alegrías de la condición humana». Pero ¿por qué no quedarnos con el hecho extraordinario de lo que ocurre con el 95% de seres humanos que nos llevamos bien, y que poseemos mecanismos comunes para construir una buena sociedad?

Las noticias negativas sobre nosotros mismos (las que consumimos a diario a través de los informativos, por ejemplo) tienen como consecuencia que a menudo solo transmitamos a los niños que, en el mundo en que viven, únicamente es posible sobrevivir luchando con otros. En términos generales, les mostramos en mayor medida que en el mundo animal el más victorioso es aquel que deja a los demás muertos de hambre y sedientos en luchas inmisericordes. ¿Y qué logramos que piensen y sientan con esto? Que hay una única manera de vivir en este planeta, que solo es posible subsistir si se es el más fuerte, el más ágil o el más astuto, de lo contrario, estás frito.

Les mostramos la lucha hostil por la supervivencia, pero luego les enseñamos a ser pacíficos y educados. Es evidente que los confundimos.

¿Por qué no empezar por mostrarles que tanto los diminutos animales que habitan bajo tierra a la altura de los cimientos de nuestra casa, como los de grandes dimensiones que habitan en la selva, en la pradera, en la estepa o en las montañas, o los que habitan en los ríos y en los mares, incluso los que anidan en las copas de los árboles o en lo alto de los campanarios de las iglesias, es decir, todos, absolutamente todos, también saben cómo vivir pacíficamente en grupo?

Es verdad que hay lucha y exterminio entre las especies, pero también hay la misma cantidad de comportamientos cercanos al apoyo mutuo, a la ayuda mutua y a la defensa mutua entre animales pertenecientes a la misma especie o, al menos, a la misma sociedad. La ayuda mutua y la cooperación es tan propia de los seres vivos como la lucha.

En ocasiones he pedido a niños de siete años que imaginen dos grupos de animales, uno que luchara ferozmente todo el tiempo, y otro que usara estrategias de supervivencia donde todos cuidan de todos. La idea era que explicaran cuál de los dos grupos consideraban que era más apto para sobrevivir en la naturaleza. Las respuestas de los niños no dejaron indiferente a nadie. La mayoría apostaba por la fuerza, la violencia, y señalaba que los animales que podían infligir castigo eran los que tenían más posibilidades de sobrevivir.

¿Hasta qué punto los niños están siendo educados para usar más la violencia que otras estrategias como «stop, no quiero esto», o «no lo hagas, porque no me gusta» para defender su territorio?

¿Por qué se sigue sin tener en cuenta que la infancia y la adolescencia son las etapas de la vida más receptivas y vulnerables tanto para la educación de la violencia como para la educación de la paz, y que hay que cambiar el enfoque con respecto de cómo nos relacionamos y hacemos valer nuestros derechos?

La fascinación por la agresividad también es un aprendizaje.

Explicar a los niños que los animales que adquieren hábitos de ayuda mutua son indudablemente los más aptos porque tienen más oportunidades de sobrevivir como grupo, porque alcanzan el más alto desarrollo de organización corporal, porque aseguran la conservación y el ulterior desarrollo de la especie, y porque les arma de otros recursos capacitándolos para resistir y para protegerse, empieza a ser cada vez más necesario. La antropóloga y primatóloga Sarah Hrdy, profesora de la Universidad de California que ha contribuido a una mayor compresión de la psicología evolutiva, ha investigado y comprobado que en las comunidades de primates y humanas nómadas los bebés con más conexiones sociales tienen más altas tasas de supervivencia.

¿Cómo reaccionan los niños cuando ven y comprenden que la competencia no es la única forma de sobrevivir? ¿Y qué opinan cuando descubren que quizás las crueles luchas solo responden a períodos excepcionales, indicando que la selección natural también busca vías de evitar en lo posible la competencia?

Ciertamente, la mayoría experimenta un increíble asombro. Y más aún cuando descubren que, por ejemplo, nuestra capacidad para vivir en sociedad, nuestro potencial para cuidarnos entre los seres humanos no dista mucho de las capacidades de cuidado y organización de las hormigas.

Al igual que los seres humanos, las hormigas usan sistemas de organización para mantener la paz. Se asocian en nidos y naciones, y acopian provisiones para evitar la competencia. También las aves migran en grupo, tanto para emprender largos viajes como viajes cortos, y evitan así la competencia. Entre los roedores, algunas especies se echan a dormir cuando llega el momento en que debería establecerse la competencia, mientras que otros roedores almacenan comida para el invierno, y se reúnen en grandes aldeas para obtener la protección necesaria mientras trabajan; los búfalos cruzan en grupo un inmenso continente a fin de hallar comida en abundancia; y los castores, cuando alcanzan un número demasiado grande en el río, se dividen en dos grupos para continuar su marcha, los más viejos río abajo y los jóvenes río arriba, para evitar así la competencia. ¿Y cuando no pueden hacer nada de esto, por ejemplo, cómo se evita la competencia? ¡Pues recurriendo a nuevos tipos de alimento!

Acompañemos a niños y a adolescentes a observar la naturaleza y que esta les susurre al oído: «¡No compitas todo el tiempo, tienes muchos recursos para evitarlo y sobrevivir!».

¿Equipados desde bebés?

Desde el primer instante de vida, el cachorro humano no solo cuenta con todas las células neuronales que necesitará para el futuro, alrededor de unos cien millones, sino que trae a la vida toda la información de habilidades y talentos, de las más de 300.000 generaciones y 3.500.00 de años de evolución que le precedieron. Así que es fácil comprender que llegamos a este mundo con infinitas aptitudes y capacidades, incluidas aptitudes para vivir en armonía con los demás.

Seguir creyendo que los niños y los adolescentes no tienen recursos para cuidar sus vínculos es absurdo y poco ingenioso, como lo es creer que no están altamente preparados para ser constructores de paz. Los seres humanos estamos perfectamente equipados para conectar de forma positiva con los demás, y esto es lo que nos hace realmente felices. Disponemos cada vez de más datos que demuestran que las sociedades no están basadas exclusivamente en principios egoístas, y que venimos preparados para estar en sintonía con otros, coordinar actividades y cuidar de los necesitados.

De hecho, también la neurociencia social y la neuroética han demostrado que venimos altamente equipados para relacionarnos desde la bondad con quienes compartimos el planeta.

El cerebro humano, que es ante todo un órgano social, dispone de circuitos cerebrales para interactuar con los demás.[3] Desde edades muy tempranas podemos anticipar intenciones de las personas que nos rodean, e imaginar qué sienten, sintiendo nosotros mismos en nuestro interior muchas de las sensaciones que ellos experimentan, debido a que sincronizamos emocionalmente.

Al igual que nos sucede entre los adultos, los niños y los adolescentes conectan entre ellos mediante la empatía, en parte por la actividad de las neuronas espejo, siendo la empatía lo que impulsa actos de altruismo y solidaridad. No en vano la psicología actual demuestra que, cuando se conecta mediante el canal de empatía emocional, rápidamente se pasa de conocer los sentimientos de una persona a experimentar el mismo tono emocional, y es posible responder compasivamente ante los problemas que le aquejan.

La empatía, como vínculo intercerebral, no implica una única región especializada del cerebro sino muchas partes, dependiendo de la persona y también del modo en que nos metamos en su piel y sintamos cómo se siente. Por ello, a veces puede ser necesario distinguir entre la empatía emocional y la empatía cognitiva.

El doctor Preston ha descubierto que los circuitos cerebrales que se activan durante los momentos de empatía son los mismos que se activan cuando alguien evoca uno de los momentos más felices de su vida, o como cuando hemos compartido momentos de profunda conexión y sintonía con amigos. Los cerebros de los niños se conectan entre sí del mismo modo cuando comparten sentimientos y pensamientos. Es así como los seres humanos hemos aprendido a tener conexión empática: primero con la madre y con el padre, y después con otras personas.

La empatía puede imaginarse como si entre dos cerebros se buscaran atajos que los lleva de inmediato a encontrarse en un mismo punto, sin perder tiempo, y se conectaran en una octava superior. La neurobiología interpersonal plantea que no existen cerebros aislados, y que si el cerebro es un órgano de adaptación que desarrolla sus estructuras a través de interacciones con los demás, es necesario fomentar conexiones empáticas, porque estas experiencias moldean directamente los circuitos responsables de la emoción, la memoria y la autoconsciencia.

En los dos primeros años de vida esta conexión depende de importantes estructuras cerebrales, como la amígdala, las neuronas espejo, el surco temporal superior izquierdo, la corteza premotora, el lóbulo parietal inferior y el área de Broca, y de neurotransmisores como la oxitocina.

De hecho, lo que hoy las investigaciones han demostrado sobre la importancia de la empatía es que, al estar ligada a la posibilidad de supervivencia, es una necesidad de la especie, lo cual exige pensar en un nuevo paradigma educativo que integre estos aspectos en la educación de niños y adolescentes, y en la educación de los adultos que educan.

Respetar aquello que nos distingue como humanos, siendo más y más conscientes de que venimos preparados para hacer el bien, con recursos con los que contamos desde edades muy tempranas, permite a los educadores y a los padres dar un sentido más amplio a las enseñanzas que ellos mismos recibieron. Especialmente si consideramos que una especie tan intensamente social como la nuestra –que posee un modo innato de favorecer los procesos indispensables para la supervivencia– necesita además una educación que tenga en cuenta cómo evoluciona el sentido ético innato en cada una de las etapas del desarrollo.

¡Esto no es justo!

Los niños y adolescentes ciertamente son el resultado de un entramado biológico, emocional, psicológico, social y espiritual, y también cuentan con una increíble cantidad de recursos éticos. Desde los primeros meses de vida, los seres humanos disponemos de un rudimentario sentido de justicia para vincularnos positivamente con los demás. Es lógico. Si necesitamos del grupo para crecer, para desarrollarnos, para resolver problemas mediante un esfuerzo conjunto, para llevar a cabo acciones en común, para sentirnos bien interiormente y descubrir cómo somos desde la interacción con otros, no podíamos estar mucho tiempo desprovistos de cierto sentido de justicia.

Cuando la educación exalta el individualismo sin considerar que el grupo necesita de la «sinapsis social»[4] para su desarrollo, se inhibe parte del potencial.

De hecho, ya al inicio de la década de los 1980, investigadores de todo el mundo comenzaron a demostrar que los lactantes no eran como hasta ese momento se había imaginado. En cada interacción con el adulto encargado de su cuidado se demostró que los bebés eran increíblemente activos. La antropóloga Carol Gilligan consiguió ensanchar el horizonte respecto de la ética incluyendo el valor del cuidado, lo que ha ayudado aún más a cambiar de paradigma, porque lo cierto es que nuestro grado de cooperación no se encuentra en otras especies.

El bebé humano no solamente escudriña los rostros o establece contacto visual y capta la atención de quienes le rodean con increíbles estrategias para conectar con sus cuidadores con apenas pocos días de vida, sino que es perfectamente capaz de identificar si la experiencia de conexión es real o no. Esto es: si en la relación hay verdadera sincronicidad y contacto verdaderamente emocional, o si se trata de una apariencia, porque el adulto no está verdaderamente conectado.[5]

¿Esto significa que el bebé humano puede adoptar el punto de vista del otro? La respuesta es evidente. A partir de estos descubrimientos, más que preguntarnos cómo adquirimos la capacidad de cuidar de otros, lo que necesitamos es ver cómo encajamos que seamos los adultos los que estamos en el punto de mira de los bebés, lo que nos coloca en un lugar de educador diferente. Y más cuando conocemos las conclusiones de la investigadora Sara Valencia Botto, de la Universidad de Emory, quien ha demostrado que a los dos años, cuando los niños empiezan a formar oraciones de dos palabras, ya son conscientes de que pueden ser juzgados por otros, y no a los cuatro o cinco años, como se creía hasta ahora.[6]

Las recientes investigaciones científicas llevadas a cabo por Karen Wynn y Kiley Hamlin, en el Infant Cognition Center de la Universidad de Yale, uno de los pocos equipos en todo el mundo que investigan las manifestaciones de un código moral innato en los bebés, demuestran que, mucho antes de que sepan hablar, con solo cinco o seis meses de vida ya aparecen las primeras manifestaciones de una moral rudimentaria. Según se ha demostrado en varios estudios, los bebés son capaces de reaccionar de un modo diferente ante la amabilidad y la malicia.

Una de las pruebas llevadas a cabo por Wynn y Hamlin consiste en mostrarles una caja cerrada. Acto seguido, una marioneta entra en escena, se coloca detrás de la caja, frente al observador, e intenta levantar la tapa y abrirla. Debido a que la marioneta pareciera que sola no puede lograr su objetivo, entra en escena una segunda marioneta que le ayuda y entre ambas logran abrir la caja.

Seguidamente, se vuelve a la secuencia inicial. La caja está cerrada y la misma marioneta que desea abrirla lo intenta de nuevo. Se acerca una tercera marioneta, que salta sobre la caja, lo cual frustra cualquier intento.

Cuando la marioneta que ayuda y la que impide alcanzar el objetivo son colocadas delante de los bebés con cinco o seis meses de edad, entre el 80 y el 95% escoge la marioneta que les prestó ayuda, lo que demuestra que los bebés se inclinan hacia la bondad y son contrarios al comportamiento antisocial. Si bien entre niños muy pequeños no hay obviamente conciencia de reglas, se evidencia que prefieren aquellas conductas que tienden a promover situaciones pacíficas.

Paul Bloom, psicólogo en el Infant Cognition Center de la Universidad de Yale, ha estudiado cómo los bebés diferencian un comportamiento útil de uno inútil y un acto moral del que no lo es. Los bebés de cinco meses incluso se mostraban capaces de tener un juicio moral. A partir de un juego con marionetas observan a un gato jugando a la pelota en compañía de dos conejos. En un momento, el gato pierde su pelota y seguidamente uno de los conejos la recupera y se la da. En otra secuencia, el gato vuelve a perder la pelota, pero el otro conejo la roba y huye con ella. ¿Imagináis a qué conejo escogieron los bebés de tan solo cinco meses? Pues sí, ¡escogieron al conejo útil!, y los niños de casi dos años –alrededor de veintiún meses– le dieron impulsivamente un tremendo manotazo en la cabeza al conejo malo.

En otras investigaciones se demostró que, entre los seis y los diez meses, los bebés encuentran a los que ayudan más bellos y agradables que a aquellos que interfieren en el logro de buenos objetivos, a quienes ven sencillamente feos. Esto se debe a que hay un sentido de justicia que empieza a tomar forma. Ya hemos visto que los niños y niñas con pocos meses de vida «hacen cosas» para mitigar el dolor de los demás: acarician, tocan, entregan su comida o sus juguetes predilectos. Aunque lo más sorprendente es que también parece que realizan evaluaciones sociales a partir de cómo actúan las personas. Según estas investigaciones, los bebés y los niños de dos años son perfectamente capaces de clasificar a las personas en buenas y malas, o en confiables y no confiables durante las interacciones sociales.

Por ejemplo, si se les muestra el famoso corto del triángulo que intenta subir por la ladera de una montaña, al que un cuadrado le impide alcanzar la cumbre, pero que luego es ayudado por un círculo, y después se les pide que digan cuál de las tres figuras les gusta más, los niños de seis y de diez meses señalan sin dudar el círculo como su preferido, y eso que el círculo y el cuadrado son del mismo color y tamaño.[7]

Pero aún hay más, a los dieciocho meses de edad, la mayoría de los pequeños sin haber desarrollado el lenguaje oral responden con un elevado nivel de altruismo a las necesidades de otras personas, incluso si se trata de un desconocido.

Es muy fácil comprobarlo. Si a un adulto se le cae al suelo un objeto que está usando en ese preciso momento, pongamos por caso una pinza de la ropa o un bolígrafo, un niño de alrededor dieciocho meses irá a recogerlo y se lo dará exactamente a quien lo necesita. Pero si una persona está pintando una pared con un pincel y lo que se le cae es un bolígrafo del bolsillo, en ese caso es muy probable que el mismo niño ni se inmute y mucho menos tienda a recogerlo y entregarlo a su dueño, simplemente porque el objeto en cuestión no tiene que ver con la actividad que está llevando a cabo en ese momento.

Los niños de dieciocho meses, o incluso más pequeños, a veces de solo catorce meses, son naturalmente empáticos, serviciales y generosos, e increíblemente capaces de discernir con claridad las necesidades de los demás. Estos comportamientos de ayuda sin obtención de un beneficio inmediato es lo que observaron los investigadores Warneken y Tomasello del Departamento de Psicología del Desarrollo y Comparativa, del Instituto Max Planck de Antropología Evolutiva. Los investigadores hicieron hincapié en que estos comportamientos de «ayuda» pertenecen únicamente a nuestra especie, pues es improbable que estos recursos de cuidado hacia los demás se adquieran mediante instrucción explícita. De hecho, parecen responder a aptitudes anteriores a la experiencia de la empatía, al sentir lo mismo que los demás, algo clave para el desarrollo de la ética.

Incluso los niños más pequeños, a partir de los doce meses aproximadamente,[8] ayudan a otros sin esperar nada a cambio.

No buscan reconocimiento social inmediato, según recientes investigaciones, actúan por motivación innata. Al igual que muchos adultos que, a menudo, otorgan beneficios a otros sin pensar en la reciprocidad, los niños tampoco lo esperan. En muchos casos también ayudan a lograr objetivos, como usar un palo para atraer una pelota que ha perdido otro niño y que está lejos, por ejemplo en un charco de agua, o intentan consolarle si manifiesta tristeza por haberla perdido.

A esta edad también son capaces de reconfortar a quienes han estado en peligro,[9] y por más que parezca sorprendente en una sociedad tan consumista como la nuestra, incluso aunque ellos tengan hambre compartirán su agua o su comida[10] si ven que a su lado alguien lo desea porque lo necesita, y no les importará en absoluto consumir la mitad de una ración.

¿De dónde viene la mala fama que asegura que los niños son terriblemente egoístas? ¿Qué ocurre en realidad?

Al parecer la mala prensa se debe a que los niños, vistos desde la psicología del comportamiento, fueron más definidos por aquello de lo que carecían que por las aptitudes con las que contaban. Asimismo, las investigaciones demuestran otro factor determinante, y es que a partir de los cuatro o cinco años, los adultos empiezan a proporcionarles recompensas materiales cuando hacen algo bueno por otros niños de su edad, pero esto es altamente desfavorable porque socava el impulso natural y la motivación intrínseca de ayudar.

Primeros destellos de moralidad

En una investigación llevada a cabo con niños de unos veintiún meses, se demostró que en esta etapa los seres humanos presentan un destello de moralidad. A un grupo de niños se les dio la oportunidad de dar un regalo o quitarle un objeto a cada una de las tres marionetas de la representación de la caja descrita con anterioridad. La mayoría de los pequeños eligieron dar objetos al personaje positivo, y quitárselos al personaje negativo. Para los científicos, este es un indicio de un rudimentario sentido moral, algo así como destellos de pensamiento ético, o sentimiento moral, que si bien puede verse a partir del primer año de vida, también se va perfeccionando en los ocho o nueve meses siguientes, lo que demuestra que los seres humanos tenemos una mente mucho más rica y compleja de lo que imaginaban nuestros padres y nuestros abuelos.

Cualquiera que conozca a un niño entre quince meses y dos años podrá verificar cómo estos pequeños ayudan de manera proactiva incluso cuando el destinatario no sabe que necesita ayuda, y lo harán más activamente de los dos años a los dos años y medio, sin que nadie les diga explícitamente «esa persona necesita tu ayuda». Incluso actuará de forma proactiva como lo haría un adulto. Los niños de esta edad saben cuidar genuinamente a una persona necesitada, como si estuvieran, según demuestran las investigaciones, motivados para ayudar a quienes necesitan restaurar algo, por ejemplo su salud o su mala condición.

Alrededor de los dos años y medio,[11] cuando ya tienen algunas normas de convivencia incorporadas, también saben que romper las normas está mal. Son conocedores de que no se puede hablar cuando no está permitido, así como saben que está mal no guardar los juguetes o la ropa, o causar daño a otros, lo que es algo mucho peor.

Obviamente, ¡esto no indica que quieran seguir las normas! Al contrario. En ocasiones, y por más que lo sepan, les apasiona saltárselas. Los neurocientíficos, como Jonathan Haidt y Steven Pinker, creen que a los dos años la moral es el resultado de una respuesta innata más que, lógicamente, el resultado de un razonamiento rápido. Para Haidt, sin embargo, si bien hay un sistema intuitivo que se pone en marcha rápida y automáticamente, porque depende de los estímulos del contexto, no deja de haber al mismo tiempo un sistema de razonamiento, que es más lento, que necesita de un esfuerzo y demanda muchos recursos relacionados con la atención.

Ambas ideas sobre cómo llegan los niños de esta etapa a emitir juicios morales, que pueden dar como resultado respuestas diferentes, a veces desorientan a los adultos que lo primero que ven es el comportamiento errático, algo propio de los niños de dos años. Qué padre o madre no ha oído hablar de «los terribles dos años». Sin embargo, se trata de una época increíble para empezar a educar para la felicidad responsable. Ellos ya saben muchas cosas, en su código moral durante esta etapa está el saber que no es conveniente pegar a otro niño o que quitarle sus cosas no está nada pero que nada bien. También defienden ciertos principios, como el hecho de que no les agrada que les obliguen a querer a quien no quieren o amigarse con quien acaban de pelearse por la posesión de un juguete, por ejemplo. Pero quizás lo más sorprendente es que en esta etapa el mejor camino para lograr la armonía es volver a las huellas evolutivas que permiten la supervivencia, mediante actividades que despierten el aspecto social del cerebro, como la cooperación y ayuda mutua. Sí, ¡y aunque solo tengan dos o tres años!

En su obra *La ayuda mutua*, el naturalista y pensador ruso Piotr Alekséyevich Kropotkin (1842-1921) señala:

No es mi amor por el vecino –a quien a menudo ni siquiera conozco– lo que me induce a tomar un balde de agua y correr a su casa cuando veo que esta se quema; es un sentimiento o instinto de solidaridad y sociabilidad humana mucho más amplio, aunque también mucho más vago, lo que me mueve. Y ocurre lo mismo con los animales. No es el amor, y ni siquiera la simpatía (entendida en su sentido apropiado), lo que induce a un rebaño de rumiantes o de caballos a formar un anillo a fin de resistir el ataque de los lobos; no es el amor lo que induce a los lobos a formar una manada para cazar; ni tampoco lo que induce a jugar a los gatitos o los corderos, o a una docena de especies de jóvenes aves a pasar juntos los días del otoño; y no son ni el amor ni la simpatía entre las personas lo que induce a muchos miles de gamos desperdigados a lo ancho de un territorio tan grande como el de Francia a formarse en cientos de rebaños por separado y

marchar todos en dirección a un paraje determinado con la fina-
lidad de cruzar desde allí un río. Es un sentimiento infinitamente
más amplio que el amor o la simpatía entre las personas: un instinto que ha sido desarrollado lentamente entre los animales al
igual que entre los hombres en el transcurso de una evolución
extremadamente prolongada, y que les ha enseñado a los animales al igual que a los hombres la fuerza que pueden extraer de la
práctica de la ayuda y el apoyo mutuos, y el disfrute que pueden
hallar en la vida social.[12]

«¡Esto sí que es grave!»

Entre los cuatro y los siete años, la mayoría de los niños entiende y aplica hacia sus iguales el principio de proporciona-
lidad. La represalia o reprimenda que creen que se debe aplicar depende de la gravedad del error. A partir de los cuatro
o cinco años, el inicio del raciocinio moral coincide con la
época en que toman más decisiones sociales en la escuela, tienen probablemente un menor contacto con el barrio y con los
recursos propios de la cultura. A los siete años, es probable que
aparezca el sentido de equidad, pero muy lentamente. Como
resultado de una pugna entre el sistema afectivo antiguo, auto-
mático y rápido, y el sistema cognitivo filogenéticamente más
nuevo, que siempre será más lento y motivacionalmente más dé-
bil, las decisiones racionales llegan más tarde. Aun así, a esta
edad, es fácil oírles hablar de justicia con un discurso locuaz

y autoritario, propio de esta etapa caracterizada por la creencia de que el mundo es blanco o negro, con lo que no estaría nada mal mostrarles que los problemas son siempre oportunidades y relativizar un poco las situaciones complejas, si las viven desde los extremos.

«¡Quiero hacer esto por ti!»

Entre los diez y los doce años, el sentido ético suele llevarlos a promover actitudes heroicas frente a sus iguales. De hecho, recuerdo que a los diez años hice la primera colecta entre los cursos de quinto grado para comprar cuadernos y lápices de colores para aquellos compañeros que aún no llevaban los suyos a clase, convencida de que sus familias estaban pasando por situaciones económicas difíciles. A esa edad, obviamente, no estaba muy entrenada en saber que una cosa eran mis suposiciones y otra la realidad, y que de los cuatro compañeros para los cuales había hecho la colecta solo uno necesitaba realmente ayuda económica, los demás no habían llevado su material escolar por desidia o porque sus padres no habían tenido tiempo para ir a comprarlo, lo que me trajo no pocos problemas a la hora de retornar parte del dinero recaudado. Por fortuna, alrededor de los doce años, la compasión se integra en una visión más realista de la vida, la edad en que parecieran quedar establecidos ya los juicios morales fundamentales, mientras aumenta el compromiso social.

No hay más que recordar la entrañable historia de Craig Kielburger, que con tan solo doce años descubrió que la injusticia podía perjudicar tanto a los niños que decidió hacer algo para frenarla. Sin duda, lo que él hizo podría haberlo hecho cualquier niño de su edad que, como él, hubiera sido inspirado por adultos dispuestos a entender la necesidad de ayudar que sienten los niños cuando se sienten seriamente conmovidos, cuando sienten una profunda necesidad interior de ayudar a los más necesitados, algo que a menudo compruebo que experimentan secretamente por miedo a ser reprendidos por sus padres o porque viven en una contexto donde el altruismo es visto como manifestación de debilidad.

En 1995, Craig, de origen canadiense, junto con un grupo de compañeros de colegio que rondaban entre los nueve y los catorce años, tras enterarse del homicidio de Iqbal Masih, un niño paquistaní, tejedor de alfombras y defensor de los derechos de los niños trabajadores en cautividad, investigó cuáles eran las circunstancias de estos niños y fundó una organización llamada Liberad a los Niños en su propio domicilio. Enseguida consiguió reunir un número suficiente de firmas y las hizo llegar al gobierno canadiense. Pedía que se difundiera a través de los medios de comunicación nacionales el problema de los niños tejedores de alfombras. Seguidamente, instó a ser escuchado por el primer ministro canadiense Jean Chrétien, pero este no aceptó la invitación. El niño de tan solo doce años convocó a un grupo de periodistas y Chrétien, un tanto avergonzado, no solo accedió entonces a recibir a Craig, sino que expresó públicamente su compromiso de controlar la importación de todo lo que llegara al país y fuera elaborado con mano de obra infantil ilegal. En aquellos años, la imagen de un niño defendiendo los derechos de otros niños se expandió internacionalmente. Algunos periódicos por entonces se refirieron a Craig como un niño genio, pero en verdad esto no era lo importante, lo relevante era su alta sensibilidad social y tener una familia y educadores que fueron capaces de apoyar e inspirar sus ideas.

Padres y docentes que inspiran...

«Necesitamos más y más personas que apuesten por el bien, independientemente de la edad». Con cierta perspectiva, esta sería una frase interesante para colocar en la entrada de los colegios y los centros recreativos de los barrios... Ya Darwin hacía hincapié en que era necesario conseguir más hombres virtuosos para elevar el nivel de moralidad debido a que esta es una forma indiscutible para sobrevivir: «Una tribu formada por muchos miembros que, debido a su alto grado de patriotismo, fidelidad, obediencia, valentía y compasión, siempre estuvieran dispuestos a ayudarse entre sí y a sacrificarse por el bien común, saldría victoriosa frente a otras tribus, y esto sería selección natural. A lo largo del tiempo y en todo el mundo, unas tribus han suplantado a otras, y como la moralidad es un elemento importante de la victoria, en todas partes tendrá que elevarse el nivel de moralidad así como el número de hombres virtuosos». De hecho, cuando muchas personas se unen con el objetivo de fomentar relaciones en armonía, desde diferentes lugares en el barrio, ayudan a niños y adolescentes a ser mejores personas, y su actitud sirve de contrapeso a tantas noticias negativas sobre niños y adolescentes que nos llegan a través de los medios de comunicación. Es la mejor forma de vivir en grupo. Hoy, probablemente, pensaríamos que se necesitan más y más ciudadanos éticos globales.

Ser un inspirador ético implica hacer sentir a los niños que se les acepta desde lo que son, y esto potencia el sentido de pertenencia y los ayuda a crecer mejor. En las conferencias que doy para padres suelo narrar un cuento tradicional de la india que, sorprendentemente, a los más pequeños también les encanta.

Érase una vez un anciano que durante dos años caminó cada día desde el arroyo a casa de su patrón cargando agua en dos grandes vasijas que llevaba atadas a los extremos de un palo que aguantaba sobre los hombros. Una de las vasijas tenía grietas y en el camino perdía gran parte del agua, mientras que la otra conseguía transportar toda la cantidad que había juntado en el arroyo. Durante dos años, esto fue siempre así. Un día, la vasija que tenía las grietas le confesó al anciano que estaba muy avergonzada de su propia imperfección, que se sentía miserable porque solo podía hacer la mitad de todo lo que se suponía que era su obligación.

—Estoy avergonzada y me quiero disculpar contigo porque debido a mis grietas solo puedes entregar la mitad de mi carga y solo obtienes la mitad del valor que deberías recibir.

El anciano le dijo compasivamente:

—Cuando regresemos a casa quiero que te fijes en las bellísimas flores que crecen a lo largo del camino.

La vasija obedeció y, en efecto, vio muchísimas flores a lo largo del trayecto. Sin embargo, se sintió apenada porque solo quedaba dentro de ella la mitad del agua que debía llevar.

El anciano le dijo entonces:

—¿Te diste cuenta de que las flores solo crecen en tu lado del camino? Siempre he sabido de tus grietas y quise sacar el lado positivo de ello. Sembré semillas de flores a lo largo del camino por donde vas y todos los días las has regado, y por dos años yo he podido recoger estas flores. Si no fueras exactamente como eres, con tus virtudes y tus defectos, no hubiera sido posible crear esta belleza.

(Ahora cierra el libro y dedica unos minutos a reflexionar sobre este relato.)

Sí. Cada uno de nosotros tiene sus propias grietas.

Todos somos vasijas agrietadas, de modo que, para educar con perspectiva, para que las nuevas generaciones comprendan qué es la felicidad responsable, es fundamental que sepan aprovechar sus propias grietas como beneficio. El sentido ético, como queda demostrado, no se instala a partir de una suma de actos puntuales, de cosas bien hechas en todo momento.

A menudo insisto a niños y adolescentes en que no importa la edad que tengamos, que siempre podemos tomar buenas decisiones, incluso si estamos estresados, siempre que el estrés nos dé tiempo a que las partes pensantes de nuestro cerebro sean accesibles y no nos dejemos llevar por el impulso. Si ello no ocurre, si nos es imposible pensar y no podemos autorregular los sentimientos fuertes, no podremos conectarnos con otras personas. El truco está en comprender las propias emociones y los sentimientos, ponerse en los zapatos de los demás, y decidir cómo actuar.

¿Cómo lograr que haya cada vez más adultos inspiradores (como el anciano del cuento), conocedores de que los niños tienen un sentido ético rudimentario y que sean capaces de transmitirles felicidad responsable?

¿Cómo lograr que cada vez más adultos acepten que la vida de los niños y de los adolescentes es una suma de oportunidades y que les pueden ayudar a que pongan en marcha sus fortalezas y recursos?

¿Cómo empezar a educar desde un lugar donde el mensaje principal no sea alcanzar el éxito apostando solo por el individualismo y la competitividad y se dé la importancia a la permanente promoción de un bien mayor?

A los niños se les habla de paz, sí, pero no se tiene en cuenta su predisposición innata hacia la ayuda.

Nancy Prest, una maestra del colegio Saint Michael, de Ontario, es un ejemplo de adulto inspirador. Ella decidió compartir con sus alumnos los problemas de los niños, independientemente de donde vivieran. Así que, en una ocasión, preguntó a los alumnos de su clase de primer grado si sabían cómo vivían los niños en África. Después les preguntó si sabían cuál era la mayor causa de muerte entre los niños africanos. Todos pensaron que se debía a la falta de alimento, entonces les contó que la mayor causa de mortalidad era la mala calidad del agua que bebían, y les explicó la importancia de las condiciones de salubridad.

A la mayoría de los niños de esa edad que he conocido realmente les apasiona que les hablen de otras realidades y les cuenten cómo viven otros niños. Les encanta conocer historias que les permitan conectar con sus propias emociones y sentimientos. Uno de estos niños, Ryan Hreljac, que provenía de una familia de pocos recursos, de inmediato quedó atrapado por lo que escuchaba, y sintió la necesidad de hacer algo. Enseguida fue consciente de que él con solo caminar unos metros podía llegar a cualquier grifo y tener agua a todas horas, así que interrogó a la maestra sobre cuánto costaría llevarles el agua a aquellos pequeños. La maestra le habló de una organización llamada Watercan y le dijo que un pequeño pozo podría costar unos setenta dólares. A partir de ese momento el objetivo de Ryan fue conseguir ese dinero. Primero habló con su madre, quien le propuso hacer tareas de la casa a cambio de algo de dinero. Ryan aceptó, y tres meses más tarde, después de limpiar varias veces los cristales, pasar el aspirador y cumplir con todo cuanto se le encargaba, logró reunir la cantidad que necesitaba y que había guardado en una vieja lata de galletas.

Así que fue con su madre a la oficina de Watercan para comprar su pozo, pero recibió una inesperada noticia: con sus setenta dólares solo se podía comprar una bomba de mano, el precio para perforar y hacer un pozo de agua eran dos mil dólares. El pequeño entendió que debía continuar haciendo más y más trabajos. La ejecutiva de Watercan, impactada por su seguridad en conseguirlo, convenció a sus superiores y a la Agencia de Desarrollo Internacional de Canadá para pagar la factura del pozo a medias con Ryan y consiguió que, de esa forma, el niño solo tuviera que recaudar setecientos dólares. Pero la madre no podía darle tanto dinero a su hijo por más que hiciera todos los pequeños trabajos que ella necesitara. Ryan dijo que igualmente conseguiría el dinero. Y fue cierto, porque en poco tiempo había logrado que se implicaran sus hermanos y sus vecinos, de modo que lo que empezó como un acto de justicia, de igualdad y de ética, pronto acabó obteniendo resultados. Se eligió hacer un pozo en Otwal, un lugar castigado por el sida y la sequía donde dos de cada nueve niños morían antes de llegar a los seis años. Lo que hoy se conoce como Proyecto Ryan[13] fue ni más ni menos que la inspiración de una educadora. Fue su capacidad la que hizo posible que sus alumnos conectaran con una cultura admirable como la africana y la que le permitió llegar a ese lugar secreto en donde se entretejen las fortalezas y donde está la fuerza para encontrar gente dispuesta y disponible.

Hoy, unas tres décadas después, sabemos que además del impacto del documental para la televisión de la historia de Ryan, que acabó inspirando a muchos otros niños, él ha construido más de cuatrocientos pozos con su Fundación Ryan's Well, desde donde promueve también educación a nativos africanos en más de quince países.

Despertar el sentido ético en niños de tres a cinco años

¿Cómo podemos ayudar a los niños de entre tres y cinco años a potenciar su sentido ético? Probablemente esta pregunta no ha sido fácil de responder durante mucho tiempo porque siempre se pensó que la moral de los niños era más una tarea relacionada con el desarrollo congnitivo. Ahora las investigaciones neurocientíficas han demostrado que las intuiciones y las emociones regulan el comportamiento ético, por lo que las habilidades emocionales parecen ser mucho más importantes.

Así que si se trata de dar a los niños oportunidades para que se conozcan a sí mismos, por qué no incluir oportunidades para que interactúen en actividades sociales y conozcan y admiren aspectos relacionados con el comportamiento animal de ayuda mutua a través de cuentos o películas.

Existen, por ejemplo, infinidad de películas y libros a los que padres y docentes pueden recurrir, donde los protagonistas son pingüinos, delfines y focas que rescatan a un miembro del grupo que se encuentra en dificultades; incluso ayudan a individuos de otras especies empujándoles hacia la superficie del agua para que puedan respirar. A los más pequeños, les apasiona ver cómo un joven elefante que se queda atrapado en un charco de lodo es ayudado a salir por otros de su manada que lo empujan poco a poco con la trompa. Entre los mamíferos huérfanos hay historias preciosas adaptadas a los más pequeños en las que los cachorros encuentran enseguida una madre que los adopta, aunque no sea de la misma especie...

También existen algunos juegos de mesa fáciles de reelaborar y adaptar a la edad de los niños con preguntas que les permiten encontrar soluciones que beneficien a todos. Y cuentos y novelas realmente movilizadores, una de las herramientas más efectivas para la enseñanza y el aprendizaje para la paz. Una buena historia no solo permite al niño acomodarse en su asiento o acurrucarse al lado de su padre o su madre para escuchar qué le sucede al héroe o al antihéroe, sino también le aporta un profundo aprendizaje social sobre todas las variables del comportamiento humano y le ayuda a desarrollar su sentido ético. Los niños aprenden mejor cuando hacen algo, pero también cuando «ven que otros están haciendo algo». Los cuentos narrados o leídos, que les ayudan a pensar en términos de grupo desde que tienen tres años, son libros increíblemente simples y maravillosos, como *Por cuatro esquinitas de nada* de Jérôme Ruillier, en el que se cuenta cómo se las tuvieron que ingeniar los redonditos para que cuadradito pudiera entrar en la casita a jugar con ellos, ¡si todas las puertas de acceso eran redondas! Son historias que tienen la capacidad de potenciar un amplio abanico de sentimientos positivos.

Y los padres, ¿qué pueden hacer para que sus hijos experimenten las sensaciones de buscar el bien del grupo, enseñándoles al mismo tiempo autorrespeto?

1. La clave está en ser un ejemplo a la hora de dar respuestas breves, usando palabras positivas y poniendo el foco en sus derechos y en los de los demás. Pensando en el impacto que tienen las palabras positivas en las emociones y en el cuerpo, generando cambios positivos, específicamente en el cerebro, por ejemplo en el lóbulo parietal, que determina la forma en la que nos vemos a nosotros mismos. Esto es lo que descubrió el neurocientífico y terapeuta Mark Robert Waldman. Los padres pueden proporcionar respuestas educadas para marcar límites, del tipo: «Gracias por preguntar, estaría bien (tal cosa)». Se trata de parafrasear una respuesta, que incluya un elemento positivo. Siempre respetándole y enseñándole a hacer respetar su espacio personal, enseñándole a decir «no» cuando así lo considere. Siguiendo el ejemplo anterior: «Gracias por preguntar, pero no quiero o no me gusta».

2. El uso del lenguaje es muy importante por varias razones, no solo enseñarles un modo pacífico de prevenir o resolver conflictos, sino porque también genera cambios en nuestro

cerebro y en el de los demás, y modifica nuestra percepción del entorno, al tiempo que da a los niños y a los adolescentes la posibilidad de que sientan que pueden cambiar aquello que no les gusta. «Eso a mí no me va bien, gracias», «¡No me interesa en este momento», «No es para mí», son frases que pueden aprender a usar desde pequeños.

3. Cuando quieras marcar un límite, cambia la crítica por el uso del «todavía» («¿Todavía dejas la ropa en el suelo?»). Es un modo de enviar un mensaje y a su vez plantear confianza.

4. Poco a poco, puedes empezar a transmitirle mensajes más amplios. Todos hemos dicho más de una vez a nuestros hijos «no es bueno hacer daño a otros». Ahora prueba a avanzar un poco más, y di: «También se podría hacer algo bueno por ellos, ¿qué crees que necesitan?», «¿Cómo te sentirías si eso que imaginas ocurriera de verdad?». No se trata de que los niños hagan algo concreto; el objetivo es enseñarles a percibir que el propio bienestar está ligado al bienestar de los demás. Algunos cuentos son interesantes en este sentido. A partir de los cuatro años, para comprender que las necesidades de los otros no son siempre las nuestras, una narración muy recomendable es *Historia de una gaviota y de un gato que le enseñó a volar* de Luis Sepúlveda,[14] de la que también existe una versión cinematográfica. El argumento trata de un gato gordo, negro y noble del puerto que debe enseñar a volar a una gaviota. Otro cuento interesante, pero tal vez para cuando tienen seis o siete años es *Stela-*

luna, de Janell Cannon.[15] En él se cuenta una maravillosa historia. Las peripecias por las que pasa un pequeño murciélago que se ha visto obligado a separarse de su madre y cae en un nido de pájaros. Debe adaptarse a las normas de la nueva familia, pero a costa de ello deja de ser un murciélago como los demás. Los pájaros prueban su forma de dormir, ¡y de volar! El relato concluye con la idea de que él y sus nuevos amigos son muy iguales y muy diferentes.

5. Usa ejemplos simples con consecuencias simples. Por ejemplo: si sientes que vas a hacer algo bueno, tus acciones verbales y físicas serán buenas, y seguro que después te sentirás bien. Pregúntale cómo le hizo sentir actuar de tal o cual manera, sin juzgar su respuesta. Si, por el contrario, actúa con rabia o con enfado, muéstrale que sus acciones verbales y físicas tendrán muchas probabilidades de ser perjudiciales y dolorosas para quien las reciba, pero para él también.

6. Permite que se acerque a escuchar a otras personas y que te explique qué piensa de lo que ha oído. Esto le ayuda a ampliar su círculo de preocupación por los demás. Lo importante es que tus intervenciones le permitan percibir que la mayoría de las cosas que escucha nos pasan a todos los seres humanos, y algunas veces también le pasan a él. ¡Y además aprenderá puntos de vista distintos! La educación desde la comunidad les ayuda a valorar la diversidad de ideas.

7. Juega, canta, ríe, acuéstate en el suelo a conversar, dedica un rato a hacer tonterías, siempre usando la consigna que la diversión nunca está reñida con el respeto.

8. Promueve situaciones de cuidado continuo (puede aprender a cuidar una planta o a una mascota...). Dale siempre oportunidades para ser gentil, amable y agradecido.

Despertar el sentido ético a niños de entre seis y nueve años

En esta etapa, las investigaciones sobre las funciones del cerebro a tiempo real confirman que los niños tienen activaciones emocionales más intensas que los adultos, en distintas regiones del cerebro, cuando se exponen a situaciones morales. Esto es algo que todo padre y educador debería saber para proporcionar espacios de diálogo en los que ellos puedan poner a prueba sus propios códigos y medirlos con los demás. Los niños en esta etapa manifiestan un claro interés por un mundo más justo, de modo que dan a los educadores y a los padres la oportunidad de que se les enseñe a ser más felices siendo también socialmente activos. Existen muchas formas de exponerlos a situaciones morales:

1. Compartir con ellos historias de personas excepcionales, lo que permite activar la ética de la mano del asombro. Por ejemplo, pueden conocer aspectos destacados de valentía.
2. Participar en el barrio en actividades donde lo prioritario sea el cuidado en grupo. Por ejemplo, los niños más grandes pueden cuidar las zonas donde juegan los pequeños una hora a la semana o plantar árboles en zonas donde es

necesario reforestar por el bien de la comunidad, o bien aprender distintas formas de ofrecer algún tipo de servicio social. En otros casos, es interesante reunir a padres y educadores dispuestos a encontrar necesidades del entorno en las que puedan participar activamente niños y adolescentes y colaborar desinteresadamente con un compromiso ético.

3. Enseñarles desde edades tempranas a mirarse «desde fuera». Esta perspectiva es muy interesante cuando se acerca la preadolescencia, porque es clave para la inteligencia social y espiritual. Los seres humanos somos los únicos seres del reino animal que podemos cambiar el rol de actor a espectador, y esto es algo que pueden hacer los niños desde los seis o siete años. El cambio de perspectiva les permite ante todo pensar desde otro lugar. Los niños son realmente hábiles en jugar a ser espectadores de sus actos y volver sobre sus pasos si consideran que pueden sentirse mejor y más cerca del modo personal que tienen de hacer las cosas. Por ejemplo, puedes preguntarle: «¿Qué le dirías si esto que te pasa a ti le sucediera a tu mejor amigo?», y cuando lo exprese dejar que reflexione por sí mismo sobre sus propias palabras.

4. Conversar sobre problemas morales. A los niños les resulta fácil hablar sobre lo que es correcto e incorrecto, pero casi nunca tienen la oportunidad de hablarlo en función del efecto que provoca en los demás. Este tipo de conversaciones necesitan de un inicio y un final interesante. Por

ejemplo, para un final efectivo, el adulto que inspira estas conversaciones puede ayudar a que los niños puedan centrarse en valorar sus fortalezas, las cualidades propias que funcionan como un motor para su comportamiento ético, como la sinceridad, el deseo de justicia o la empatía... Para iniciar este tipo de conversaciones lo ideal es tratar temas que no se refieran a su realidad ni a su persona, y hacer preguntas abiertas. Otra opción es promover opiniones sobre alguna secuencia de una película o de un programa de televisión, o sobre una noticia que preocupe a su ciudad o un problema que tenga un niño de la misma edad en algún lugar del mundo, que lo lleve a querer saber más sobre dicha cultura para comprender mejor. Es importante recordar que las conversaciones informales son la mejor forma de enseñar a los niños la no violencia, mientras paseamos, mientras ordenan su habitación o su sala de juegos después de un juego compartido, mientras se preparan para un paseo...

5. Destacar su desarrollo humano, sus valores. En nuestra cultura, la mayoría de los jóvenes escuchan permanentemente que los logros son importantes, y pocas veces se les habla con la misma recurrencia sobre la importancia de ser buena persona, como si se diera por hecho que ya lo saben. Hay infinidad de preguntas para conversar con ellos en esta etapa. Creo que una de las que da mejores resultados es: «¿Hasta qué punto una persona que ha alcanzado importantes logros puede considerarse buena persona si usa lo que ha conse-

guido para fines malos?». De todas formas, lo que debemos valorar son sus pequeños logros diarios: «Te portaste muy bien durante la ceremonia, gracias por ser respetuoso», o cuando hacen algo sin que se les haya pedido: «Gracias por ofrecerme este vaso de agua».

6. Aprovechar la cocina de casa para «cocinar conversaciones» y compartir ideas. Simplemente porque se trata de un espacio excelente para promover charlas informales mientras los más jóvenes ayudan en la elaboración de platos. Casi siempre funciona escribir alguna frase de alguna personalidad célebre, de científicas, pensadoras, de Gandhi o Aristóteles, cerca de la lista de la compra, y aprovechar para crear espacios de diálogo interesantes. Otra opción es conversar sobre héroes o aspectos de la cultura clásica. No es necesario dar una lección de historia, aunque en esta etapa los niños son muy receptivos y les gusta comparar, por ejemplo, cómo se trataba a los niños en Atenas y cómo son tratados en la actualidad.

7. Acentúa la esperanza para activar el entusiasmo. A diferencia de las ilusiones, la esperanza difiere de esta tanto en el grado de realidad como en las consecuencias. Todos los niños necesitan tener ilusiones, tener expectativas relacionadas con anhelos que se fortalecen en las fantasías. Es cuando los niños dicen: «Ojalá que ocurra tal o cual cosa». La esperanza es también un anhelo, una expectativa, pero con mayores posibilidades reales, hay más hechos concretos que la sostienen, porque la esperanza se asienta en un

plan y en un resultado. Por esta razón, la esperanza en la infancia y en la adolescencia es un motor para la curiosidad, pero también es clave para disminuir notablemente sentimientos que les generan inquietud interior. La esperanza está estrechamente ligada a los propósitos, y esto activa la sensación de bienestar. La esperanza de ver a un amigo, de llevar a cabo un proyecto, implica cierta organización del tiempo, imaginar el resultado... La violencia, la rabia, la desidia, el abandono de la tarea que habría que llevar a cabo pero se deja de lado, a menudo está relacionada con la falta de esperanza, y muchos niños pierden desde etapas muy tempranas el recuerdo emocional que les brinda tener un propósito. Sin esperanza es muy fácil cometer actos donde prevalece la ira o la rabia a medida que crecen. Por esa razón, el mejor fertilizante para la esperanza es ayudarles a que vean por sí solos las diferentes ayudas y oportunidades que les da la vida para aprender a ser un poco mejores cada día. Simplemente porque más allá de nuestras carencias, de nuestros fallos, o de cómo nos salgan las cosas, cultivar el buen corazón trae siempre buenas consecuencias, y la primera es impulsarnos a ser un poco mejores cada día.

Despertar el sentido ético entre los adolescentes

El sentido ético de los adolescentes no se despierta igual que en la infancia. En esta etapa lo que necesitan es tener experiencias y conocer estrategias que les permitan prosperar en sus ideales. Para ello es importante que los educadores y los padres les ayuden a encontrar un propósito que dé un sentido mayor a sus vidas. Esto no solo les puede permitir contribuir de manera significativa al mundo más allá de ellos mismos, sino despertar aquellos valores éticos de los que no siempre son conscientes. Desde Happy Schools Institute proporcionamos orientación a los padres, maestros y técnicos de diferentes áreas para que ayuden a los adolescentes a desarrollarse de manera óptima poniendo el foco en un propósito que aporte algún tipo de beneficio social. Los investigadores definen el propósito como la sensación que tenemos ante la presencia de algo más grande que nosotros mismos, que desafía nuestra forma habitual de ver el mundo. Desde la realización de una obra de arte, aprender a ejecutar una pieza musical que a ellos les resulte apasionante, viajar para fotografiar un paisaje único, escribir un discurso conmovedor... Es imprescindible que los adolescentes contacten con personas, procesos, paisajes y obras que inspiren su asombro. Porque, solo ante algo que se percibe como más grande, la sensación de pequeñez que experimenten será inspiradora para estos propósitos. No se trata de una pequeñez que daña la autoestima, al contrario. Es una pequeñez ante algo que les resulta mucho más grande, una pequeñez que paradójicamente les permite experimentar a su vez una sensación de elevación. ¿Quién no ha experimentado esa sensación al ver, por ejemplo, una puesta de sol?

En esta etapa, alcanzar un propósito es vital porque no solo se trata de una etapa de construcción de la identidad, sino que es una etapa en la que el cerebro se reconecta (tal como demuestran las investigaciones científicas) y lo hace para conseguir una mejor reorganización a fin de activar aspectos importantes y conseguir una mayor adaptabilidad,[16] necesaria para salir del ámbito familiar a la sociedad, de modo que el sentido ético tiene un papel determinante. De ahí que tener un propósito les ayudará a proyectar la identidad conquistada, pero también a enriquecer el mundo social en el que se perciben cada vez más inmersos, y en el que sus logros les van a permitir sentirse poderosos y conseguir nuevas perspectivas.

Por todo ello...

1. Inspírale para que escriba o dibuje un cómic, o componga la letra de una canción o una melodía, y que surja de aquello que impacta en su interior, o sobre las experiencias en su vida...

2. Comparte la vida de personas altamente significativas a partir de cualquier forma de arte. Por ejemplo, una canción como «Asimbonanga» de Johnny Clegg & Savuka, que destaca la figura de Nelson Mandela y su altísimo nivel de paciencia y de capacidad para perdonar, lo cual le permitirá sentir emociones con gran intensidad.

3. Guíale para conocer personas significativas, que le muevan a buscar cualidades similares en su interior.

4. Aumenta la posibilidad de que visite con amigos lugares inspiradores por su historia o sus leyendas, o simplemente ser entornos naturales increíbles, a fin de que momentos aparentemente cotidianos se transformen en experiencias extraordinarias.

5. Mirad películas que permitan sentir un estado de elevación. Jonathan Haidt, psicólogo social y profesor de la Universidad de Nueva York, considera que cuando nos emocionamos por las buenas acciones de los demás nos inunda un sentimiento cálido y edificante. Y es que al ver actos inesperados de bondad, coraje o compasión humanos, de inmediato sentimos ganas de ayudar a otros y convertirnos en mejores personas. Esto es lo que Haidt describe como elevación, y al parecer no es nada nuevo, ocurre en todas las culturas y épocas históricas, y tiene como origen el deseo de vivir en una comunidad moral donde las personas se traten bien y en la que puedan satisfacer sus necesidades de amor y sentido de pertenencia. Por esa razón, cuando vemos a un extraño realizar un simple acto de bondad hacia otro extraño nos inundan una sensación de emociones positivas que nos lleva a pensar que, tal vez, vivamos en un mundo lleno de bondad y no lo habíamos sabido ver.

6. Apoya sus propósitos, por muy disparatados, locos, absurdos o irreales que te parezcan... Los propósitos dan significado y en ellos interviene el deseo de hacer algo diferente, de dejar la propia huella; los propósitos siempre van más allá de uno mismo.

7. Ayúdale a percibir que formamos parte de una humanidad común, que no está solo. Nunca. Por más que experimente fracasos o incomodidad, por más que se encuentre con obstáculos durante mucho tiempo o que solo vea errores donde la vida en verdad le está dando nuevas oportunidades, nunca estará solo. Es absolutamente necesario que tenga muy claro esto para seguir creciendo.

«La vida es extraña, tantas cosas ocurren inesperadamente; la mera existencia no resolverá ningún problema. Uno necesita tener infinita flexibilidad y un corazón sencillo.»

Jiddu Krishnamurti

2. «A que yo sé qué te pasa...»

Mina tiene alrededor de dos años y estornuda, una, dos, tres veces. Cloe de tres años la mira, saca su pañuelo de papel del bolsillo y lo coloca suavemente sobre su mano. Mina lo observa unos segundos, lo aprieta con fuerza y se restriega con él varias veces la nariz. Ambas sonríen. Nadie diría que la amistad entre Mina y Cloe tiene una antigüedad de dos horas. Actitudes de cuidado, muecas sincronizadas y risas cómplices hacen pensar que se conocen desde siempre, y no desde que casualmente coincidieron en un hueco entre dos sillas en la sala de espera de un hospital infantil.

¿Cómo es posible lograr tanta conexión en tan poco tiempo? Mediante lo que se conoce como «la teoría de la mente». Un proceso metacognitivo y socioemocional que permite reconocer intenciones, deseos, creencias y emociones de otras personas, pero también las propias, lo que posibilita la interacción entre los seres humanos. Si bien el primero en usar este término fue el antropólogo y psicólogo Gregory Bateson cuando investigaba el comportamiento de una jauría de perros que simulaban una pelea, que *jugaban a pelear,* fue la neurociencia social que combinando paradigmas de abordaje cognitivo, emocional y social, demostró que en los seres humanos estas capacidades se manifiestan desde edades muy tempranas.[17] Con solo dos años los niños cuentan con una increíble cognición social, una habilidad innata para construir representaciones en las relaciones con los demás e interpretar situaciones, así como para atribuir deseos e intenciones a las emociones de otras personas y entender lo que la persona que tienen enfrente puede estar pensando. ¡Y mucho antes de que los adultos de su entorno se den cuenta y lo valoren! Mucho antes de que den la importancia que se merece al hecho de que los niños tienen una increíble comprensión del mundo interior de los demás.

Para que padres y docentes no sigan estando en este sentido en desventaja, es hora de darles a los pequeños más libertad para que descubran su propio mundo interior y se relacionen desde lo que tienen, desde lo que saben o intuyen, más que desde lo que suponen que aún deben aprender. Es fácil, por ejemplo, que un niño de tres años si ve llorar a otro junto a su juguete roto, sin mediar palabra entre ellos, le diga a su madre: «Está llorando porque se le ha roto su grúa». Aunque no será hasta los seis y los siete años que podrán entender las representaciones mentales de otras personas, como por ejemplo: «Mi madre piensa que mi hermano le ha mentido con la nota del examen. Cree que en verdad ha suspendido».

«Tócate la nariz»

Hasta ahora sabíamos que estamos increíblemente interconectados mediante nuestro sistema nervioso y nuestro cerebro, pero lo que las investigaciones han comprobado recientemente es que cuando se le dice a un niño «tócate la nariz», unos milisegundos antes ya hay actividad cerebral como si ya se la hubiera tocado. Este descubrimiento indica que la imaginación tiene un papel increíble en la forma en que nos entendemos y nos conectamos con los demás, empujándonos aún más si se quiere hacia un nuevo paradigma educativo que permita entender y transformar el modo en que necesitan ser educados los niños.

Potenciar la imaginación es al mismo tiempo potenciar la intuición y la creatividad, lo que implica acercar más a los niños a lo que verdaderamente son, potenciando sus capacidades innatas y particulares, pero también a que encuentren mejores modos de relacionarse. La observación científica revela que hay un mecanismo en el cerebro social con gran potencial para permitir el aprendizaje a través de la imitación e inferir intenciones (como se ha explicado) a partir de la observación de la acción de otros.

Por un lado, la empatía activa en nuestro cerebro sensaciones similares a las que siente quien tenemos enfrente al realizar una determinada acción, incluso como si estuviéramos haciéndola nosotros, ya que funciona como una central de wifi que nos conecta con los demás y nos permite aprender de ellos, de igual modo que los niños imaginativos y creativos generan una gran conexión entre ellos. La creatividad potencia la consciencia interpersonal y sus cerebros «conversan», aunque los adultos no nos demos cuenta.[18] Una razón más para corroborar lo que siempre se ha dicho: la importancia de no intervenir en sus juegos.

Quienes educamos para la paz y desarrollamos una pedagogía para la felicidad responsable, poniendo el foco en el cerebro social, sabemos que los niños pequeños necesitan estar con otros de edades similares para descubrir la importancia de respetar normas, valorar decisiones, experimentar miedo, enojo, rechazo, aprender a ganar y a perder, percibir el posicionamiento social, descubrir quién está dentro del grupo, quién está fuera, cómo dirigir los propios pasos o si vale la pena seguir a otros. También para que poco a poco encuentren la medida interior sobre qué es para ellos «lo justo» y qué no lo es. Porque al igual que se miden entre ellos para saber quién es más alto, o más rápido, o más fuerte..., también han de compararse naturalmente y por propia motivación para tener una idea de la dimensión de sus cualidades internas.

Los niños aprenden en grupo a hacer las primeras inferencias acerca de lo que otras personas sienten, piensan, quieren o acerca de por qué están contentos, enfadados o tristes. Un entrenamiento que les facilita las elecciones prosociales (por ejemplo, para dar o recibir ayuda) o antisociales (como competir para dañar a otros). Les permite registrar qué sienten ante las conexiones sociales positivas, especialmente con sus amigos, quién de ellos les ayuda a afrontar momentos difíciles, y qué sienten en momentos de transición, y así pondrán en marcha los propias fortalezas resilientes. Algo de lo que hasta ahora poco se ha hablado y que sin embargo es determinante si se quiere educar para la paz, porque en el desarrollo de sus fortalezas encontrarán las vías para superar los obstáculos, ya sea solos o con su manada.

Dejemos que los niños fluyan naturalmente

Si queremos empezar a dar forma a un nuevo estilo educativo que ponga el foco en las capacidades del cerebro social, es necesario promover estrategias desde edades tempranas, adaptadas a las etapas del desarrollo biopsicosocial, para que tengan más y más conexiones positivas, y para que los niños puedan aprender más de sí mismos con otros.

Mihály Csíkszentmihályi, psicólogo de la Universidad de Chicago, ha insistido en que el nivel de felicidad aumenta proporcionalmente al nivel de altruismo, así que empecemos por inspirar a los niños para que no solo pasen más tiempo con personas de edades similares (porque las buenas conexiones aumentan su bienestar), sino para que dediquen un poco de su tiempo a todos los demás. Resulta sorprendente cómo después se sentirse conectados entre ellos mediante juegos o actividades conjuntas a menudo se sienten interiormente tan bien como cuando alcanzan un estado de fluidez.

Para Csíkszentmihályi, el estado de fluidez es aquel que les permite contactar con el interior y olvidarse de ellos mismos, uno de los pilares que les acercan a la felicidad. A los niños y a los adolescentes, por fortuna, no les es en absoluto complicado alcanzar ese estado natural. Y no solo porque son ingeniosos y creativos por naturaleza, o porque no les importa «perder el tiempo», sino porque en los momentos de conexión no esperan nada, ni éxito, ni fama, ni fortuna... Simplemente, están. Sin ir con la mente ni hacia el pasado ni hacia el futuro. Cuando están en sincronía con otras personas de su edad, disfrutando de un momento altamente positivo y de alegría interior, esto desencadena de inmediato una sensación de entenderse con el otro y de entenderse ellos mismos, aunque antes no hubieran visto nunca a quien tienen enfrente. Los instantes sin interferencias, los instantes de solo existir y estar, se convierten en experiencias únicas.

¿Cómo integrar estos nuevos conocimientos en una educación que se centra solo en los logros y en el éxito?

Sin duda, dándoles más y más oportunidades donde puedan tener experiencias similares, como por ejemplo practicar alguna técnica de relajación en grupo[19] o participar en un grupo de danza o de canto. Esto les permitirá dar forma en el mundo real a aquello que ya tienen en su interior en compañía de otros. Les ayudará a manifestarlo y a desarrollarlo junto con otros, y así mostrar quiénes son, haciendo sus propias elecciones sociales, potenciando la amistad.

Un estudio de la Universidad de Concordia, en Montreal, llevado a cabo por William Bukowski, profesor de psicología y director del Centro de Investigación sobre el Desarrollo Humano, reveló que cuando los niños tienen amigos superan mejor las experiencias negativas en su vida, especialmente si el amigo está presente durante un evento desagradable. Si se tiene en cuenta que las experiencias negativas tienen un impacto inmediato sobre el cuerpo, la mente y en la plasticidad neuronal, qué mejor prevención que ayudar a los niños a tener conexiones sociales positivas.

Hay niños que han tenido experiencias muy difíciles, pero han despertado la increíble habilidad de superar condiciones severamente adversas y han podido transformarlas en una ventaja o un estímulo para su desarrollo gracias a una relación armónica y agradable con sus amigos, con quienes compartieron experiencias o con quienes conversaron e interpretaron lo que habían vivido, tal como ocurre entre adolescentes.

La capacidad para sobreponerse al dolor de un evento traumático es lo que conocemos como *resiliencia*, que es la habilidad para resurgir de la adversidad, adaptarse y recuperarse para acceder a una vida significativa y productiva,[20] que nace de las fortalezas internas, pero también de cómo es la interacción entre la persona y su entorno, porque ni procede exclusivamente del entorno ni es algo exclusivamente innato. Sin duda, la resiliencia constituye otro gran aspecto a tener en cuenta para el desarrollo de la felicidad.

Los colegios deberían ser más conscientes de que las conexiones sociales positivas hacen que niños y adolescentes sean más resistentes, ya que tal vez el entorno social tenga tanto o más que ver con la capacidad para reponerse de lo que creíamos hasta ahora. Entre los estudiantes, de cualquier edad, el círculo de apoyo (amigos, comunidades, instituciones, etc.) es lo que verdaderamente aumenta las posibilidades de que se sientan emocionalmente fuertes para llegar adonde imaginan, adonde se dirigen sus propósitos en la vida.

El investigador Elliot Friedman insiste en que la «[...] disponibilidad de apoyo social en todas sus formas –apoyo instrumental, apoyo emocional, apoyo con la forma en que piensas sobre las cosas– es importante y nos ayuda a enfrentar el desafío».

Haberme dedicado durante todo este tiempo al estudio de las cualidades personales y las interacciones sociales me ha permitido ver que en las aulas se ha relegado lo emocional y la influencia del contexto social, así como la inteligencia social, a un papel menor, lo que ha hecho que también en las aulas se pierda de vista la importancia del apoyo social positivo, lo único que permite crear círculos de paz cada vez más amplios, implicando por ejemplo a los padres y a otros agentes sociales.

La vida de Om Prakash Gurjar es un maravilloso canto a la fuerza de la resiliencia como generadora de círculos de paz. Con solo cinco años, Om Prakash Gurjar fue arrebatado a sus padres para trabajar en los campos. Pasados unos años de ser rescatado por activistas de Bachpan Bachao Andolan (Save Childhood Movement), un movimiento con sede en la India que lucha por los derechos de los niños, emprendió una increíble cantidad de campañas en favor de los derechos de los niños, especialmente para conseguir una educación gratuita para los niños de Rajastán, llegando a crear una red de «pueblos amistosos para los niños», compuesta por aquellas comunidades que se comprometieron a respetar los derechos de la infancia y donde el trabajo infantil no está permitido. Y lo más significativo: creó al mismo tiempo una red para dar a todos los niños un certificado de nacimiento a fin de que estuvieran protegidos contra la explotación, lo que le valió el Premio Internacional de la Paz de los Niños.

¿Qué hace que los niños puedan dar un paso más allá del dolor?

Una estrategia directa para que un niño pueda trascender una situación dolorosa es rodearse de personas adultas que promuevan esa capacidad en él, desde diferentes espacios, en todos los ámbitos en los que interactúe, ya sean formales o informales. Personas que aprecien la vida, que respeten a las personas, que cuiden el planeta, que crean en la importancia de tener buenas conexiones con los demás para que la resiliencia funcione como un bien común y pueda haber recursos para todos; y por supuesto que sepan sintonizar con la mente y las necesidades de los niños.

La fortaleza y el sentido ético de padres y maestros es lo que garantiza que los círculos de paz sean virtuosos y seguros para los niños, comprendiendo mejor cómo se sienten o cómo piensan. Para que desarrollen su habilidad de sincronizar con sus emociones y con los sentimientos de los otros niños. Para que puedan contar con un círculo de amigos que les permita cultivar y practicar cada día una mayor conciencia social, para apoyar con entusiasmo y de forma sencilla y eficaz ideas transformadoras que nazcan de niños y adolescentes. Los círculos de paz son un buen terreno para que comiencen su andadura desde su ser interior.

Por fortuna, el cerebro humano, y más específicamente el cerebro social, dispone de circuitos neuronales que operan mientras estamos relacionándonos. Las neuronas fusiformes son ejemplo de ello, ya que funcionan con mayor rapidez que las demás y permiten tomar decisiones sociales inmediatas. Aunque lo más sorprendente es la existencia de «neuronas sociales». En una investigación realizada con monos,[21] se demostró que al realizar una tarea, se activan diferentes neuronas dependiendo de la presencia o ausencia de un congénere. Estas neuronas sociales no estarían presentes solo en las regiones cerebrales eminentemente sociales, sino que están distribuidas por todo el cerebro. Un gran desafío para la neurociencia que ahora trata de comprender cómo el entorno social diseña también el cerebro. Un descubrimiento que no solo conlleva una mayor comprensión del cerebro social, sino que permite intuir por qué al despertar el cerebro social en las aulas se despiertan talentos y fortalezas si se promueven experiencias sociales potentes antes de adquirir nuevos aprendizajes. Personalmente he conocido muchos jóvenes que habían vivido en entornos de riesgo social y que, años más tarde, gracias a que tuvieron la suerte de estar cerca de personas que los trataban con empatía y que lograron estar en sintonía con ellos, pudieron construir su resiliencia. Esas personas les ayudaron a transformar el dolor y el miedo en coraje, y llevar a la realidad algunas de sus ideas de un modo exitoso. Algunos de aquellos niños, que habían pasado su infancia en barrios marginales y habían tenido que desarrollar habilidades para poder sobrevivir, mostraron una gran capacidad parar salir del dolor y una gran habilidad y creatividad para resolver problemas simples que no solo los beneficiaban a ellos, sino a muchos más.

Y es que, a menudo, del mismo modo que se necesita una tribu para educar a un niño, también se necesita una tribu para ayudar a sus integrantes a recuperarse de los desastres que a veces les acerca la vida.

La importancia de la resiliencia para educar la felicidad responsable

Todos sabemos que la felicidad es un asunto muy serio. Y más cuando se trata de la felicidad de niños y adolescentes. Educar para la felicidad responsable en los colegios implica que los niños necesitan ante todo prosperar, aprender y entender que el éxito no es sinónimo del triunfo inmediato, sino que para alcanzarlo a veces se debe lidiar con dificultades. Necesitan conocer sus fortalezas internas para volver a sentirse bien después de haber caído, incluso después de haber sufrido un golpe emocional.[22] Necesitan aprender a desarrollar sus fortalezas, y para ello es muy importante el apoyo que reciban del entorno, de los adultos que los educan, sean profesores, padres o el personal de la cocina de la escuela.

En este sentido, la educación para la *felicidad responsable* incluye llevar a cabo estrategias adecuadas para activar todos los procesos que pongan en marcha los propios recursos para sobrellevar el dolor. Especialmente si se trata de adolescentes, a quienes les resulta más tentador evadirse, hacer como si los problemas no existieran o aferrarse a una ilusión de que la felicidad inmediata lo cura todo. Ellos saben que tienen derecho a ser felices, pero también son conscientes de que no siempre es así. La vida trae consigo golpes inesperados, dolores cotidianos, situaciones difíciles que nos hacen tambalearnos e incluso caer. En este sentido, la educación para la felicidad no inmediata implica enseñarles a ser fuertes, a que descubran que tienen recursos para librarse de la tristeza cuando las cosas no salen como ellos esperan, a contar con los demás y a dar a los demás algo de sus talentos naturales para que también descubran sus puntos fuertes.

Despertar las fortalezas internas en niños de tres a cinco años

Aunque a muchos les parezca sorprendente, desde los tres años los niños muestran una gran capacidad para resolver situaciones personales, así como increíbles fortalezas y una gran persistencia para encontrar soluciones. Hoy estos aspectos no pueden dejar de ser tenidos en cuenta. A esta edad les gusta compartir actividades en grupo con un alto grado de compromiso, como cuidar una mascota. Son muchos los rasgos positivos que los niños manifiestan en esta etapa: la bondad, el amor o la gratitud, entre otros, son una fuente abundante para ellos de emociones y sentimientos positivos. Para los niños, la posibilidad de sentirse más felices, más amables y más competentes y de tener mejores conexiones con los demás es fundamental, y a veces para despertar ese potencial solo hay que darles un abrazo a tiempo o bien ofrecerles una caricia, una sonrisa tranquilizadora, una mirada que inspire amor y seguridad... Microgestos que refuerzan el vínculo seguro entre él y su cuidador, quien debe ser un adulto resiliente capaz de fomentar:

- Relaciones afectuosas y de apoyo dentro y fuera de la familia.
- Relaciones que le proporcionen modelos a seguir porque son afectivas y tranquilizadoras, y que le ayuden a descubrir el propio tiempo de recuperación sin interferencias.
- Vínculos emocionales que fomenten la integración social y la seguridad.
- Un estilo de confianza basado en la bondad, de modo que se sientan amados, independientemente de lo que suceda.
- Apoyo en situaciones de estrés, y consuelo.

- Un ambiente armónico desde los primeros meses de vida, pero permitiendo que participe de nuevas experiencias, nueva gente y lugares diferentes a los conocidos.
- Libertad y seguridad, explicaciones y normas adaptadas a la edad de crecimiento, siempre de acuerdo con su comprensión y a sus reacciones.

Despertar las fortalezas internas en niños de seis a nueve años

Las fortalezas funcionan como factores de protección. En esta etapa son fundamentales la autoconciencia, la autogestión, la conciencia social, las habilidades de relación y la toma de decisiones responsables, a fin de que los niños logren un estado de bienestar duradero. El despliegue de las fortalezas del carácter, que se manifiestan paulatinamente, contribuye a mantener relaciones sociales más sanas y a encontrar respuestas positivas ante las situaciones difíciles de superar. Por ello en esta etapa resulta interesante enseñarles a:

- Comprender que el enojo y la agresividad sin duda son emociones que están en nuestro interior y que percibimos primero en el cuerpo, pero que pertenecen a un nivel más secundario, casi podríamos decir más superficial, lo que nos permite cambiarlas con más facilidad de lo que creemos si cultivamos sentimientos positivos. Los niños en esta edad son verdaderos maestros en detectar por qué tienen esas emociones. Por ejemplo, cuando son dejados de lado por un amigo y se sienten frustrados. Ellos fácilmente pueden hacer una lista de las emociones que perciben cuando se sienten frustrados, y también sobre cómo pueden cambiar esa situación. Esta es una buena estrategia para que detecten sus fortalezas.

• Reconocer a través de experiencias cotidianas que, así como nuestros pensamientos nos han servido para crear herramientas e instrumentos y descubrir métodos para avanzar en la sociedad, también pueden perjudicarnos si siempre son negativos. No es complicado que en esta etapa de crecimiento comprendan que vivimos en una sociedad que muestra más lo negativo. Aceptan con bastante facilidad que las experiencias que no salen como esperamos pueden ser mejores cuando se mantiene una respuesta optimista, cuando se miran como oportunidades de aprendizaje, de conocer a personas interesantes. Por ejemplo, porque les han dado la posibilidad de ser más altruistas, es decir, de ayudar sin pedir nada a cambio, o de ser empáticos y ponerse en lugar del otro sin juzgarlo, o bien de haberse podido comportar de un modo compasivo con alguien que no esperaba que hiciera nada por él y que, sin embargo, fue capaz de realizar un movimiento de ayuda.

• Buscar ayuda en personas con las que tienen un vínculo y que les hacen sentirse bien, como familiares y amigos, en vez de seguir solos ante una situación que les resulte difícil, para poder compartir sus sentimientos.

- Contactar con el estado interior que experimentan cuando tienen más consciencia de qué es el bien común o cómo se sienten cuando comprenden que la empatía nos impulsa a ayudar a los demás, a comprender cómo se sienten.

- La importancia de tomar decisiones que no sean apresuradas. Esto les permite ser un poco más responsables. Se les puede transmitir, por ejemplo, que existe una relación directa entre las malas decisiones y la satisfacción del placer inmediato. Hay muchas cosas que dan placer, como jugar todo el día o atiborrarse de comida basura y refrescos azucarados. Los niños pueden hacer mejores elecciones si comprenden que cuando elegimos no hemos de buscar tanto la satisfacción inmediata como los resultados finales. Ayudarles a pensar con perspectiva es tan importante como enseñarles a ponerse en el lugar del otro. Han de aprender que tomar una decisión correcta implica a menudo sacrificar o postergar el placer inmediato.

- Mantener más a menudo conversaciones o actos significativos en familia que les permitan disfrutar de un sentimiento de pertenencia, que implica ser aceptado por ser quien es y no por lo que hace o lo que piensa. Estas conversaciones o hechos significativos pueden referirse a cuestiones simples como un éxito compartido, ganar una carrera de obstáculos en una fiesta popular o llevar a cabo actos generosos durante las cuatro semanas siguientes en el grupo familiar.

Despertar las fortalezas internas en niños de diez
a trece años

En esta etapa debemos dar a los preadolescentes la posibilidad
de tomar el control de sus vidas, pues ello les ayuda a afrontar
las dificultades con las mejores herramientas de que disponen.

La ira, la tristeza y el miedo son emociones que casi todos
los preadolescentes experimentan y que a veces les hacen sentir incómodos, pero resultan imprescindibles para que puedan
conocerse mejor; han de saber cuánto tiempo pueden sopor-
tarlas, cómo transformarlas en sentimientos constructivos y
cómo aprovecharlas para desarrollar sus fortalezas. Así que no
tenemos que decirles «No deberías sentirte así», que es como
empujarlos a que vuelvan a buscar en la distracción fácil una
salida rápida. Un modo de ayudarles a que contacten con estas
emociones, a que las sientan, es pedirles que las escriban en
su diario personal o que escriban una canción o un cuento,
o que hablen con alguien... para que descubran por sí mismos
por qué están ahí.

Del «cómo me siento» al «por qué creo que me siento así»
hay un camino de reflexión que necesitarán transitar. Afrontar
las emociones y promover pequeños cambios puede dar resultados inesperados, y por cierto muy satisfactorios en esta etapa. Un resultado puede ser descubrir la pasión por el arte, o la
elección de un deporte diferente que nunca habían imaginado
realizar y para el cual, por ejemplo, se dan cuenta que necesitan tener más coraje.

Samantha Smith, con solo diez años, es ejemplo de ello. Después de leer un artículo de la revista *Time* sobre la tensión armamentística entre Rusia y Estados Unidos, sintió tanto temor de que se produjera una amenaza nuclear que decidió escribir una carta al presidente ruso Yuri Andrópov en la que le sugirió que él y el presidente de los Estados Unidos se intercambiaran los nietos, para que conocieran un poco más al país enemigo. Samantha estaba convencida de que «nadie tiraría una bomba nuclear en un país donde estuviesen de visita sus hijos o sus nietos».

La historia de Adele Ann Taylor también es un canto al coraje. Con tan solo trece años, al ver que muchos niños tenían problemas para leer, como ella amaba la lectura decidió fundar su propia organización sin fines de lucro Adele's Literacy Library para ayudar a otros niños a aprender a leer. Sus programas de alfabetización han llegado a más de treinta y cinco mil personas en todo el mundo y mediante la Biblioteca de Alfabetización Adele dona libros a escuelas y organizaciones benéficas. La organización también ayudó a construir una escuela que se abastece con energía solar en Kenia, lo que le ha valido muchos premios internacionales.

¿Qué podemos hacer para que en esta etapa conecten con sus fortalezas y se atrevan a transformar el miedo en un acto de coraje?

Hemos llevado a cabo algunas enseñanzas en grupo e individualmente en los programas de educar para la felicidad responsable, tanto en las aulas como con padres de niños entre diez y trece años, y los resultados han sido realmente fascinantes. Sobre todo porque han transformado aspectos importantes de sus vidas, han contactado y hablado de sus propias fortalezas y han logrado tomar mejor decisiones, menos apresuradas. Para ello fue necesario:

- Enseñarles a apreciar lo que tienen, a aceptarse como son, a imaginarse y a valorarse. En esta etapa ya pueden llevar su propia *agenda del autovaloración*. Esto les permite contactar con sus fortalezas y con su satisfacción. Por ejemplo, si dan valor a la facilidad para hacer buenos amigos, es posible que en su agenda de autovaloración puedan reflexionar sobre sus capacidades y habilidades sociales (hablar con sinceridad, ser honesto, ser leal, etcétera).

- Infundirles el espíritu de la amistad. Para que perciban quiénes son importantes en sus vidas y para quiénes son importantes, y decidan cómo cuidar sus relaciones. Esto es más importante que dedicar la mayor parte del tiempo a cuidar la propia imagen o querer parecer mejor de lo que se es en verdad.

- Ayudarles a comprender que tanto la compasión como la violencia forman parte de nuestra naturaleza, pero que la parte compasiva y bondadosa es la predominante porque estamos hechos para buscar la felicidad.

- Ayudarles a desarrollar una mejor capacidad de comunicación, aprendiendo a buscar puntos de coincidencia con los demás más que divergencias. En la primera adolescencia es importante enseñarles que a los seres humanos nos pasan cosas similares. Todos tenemos una estructura física, una mente, emociones y sentimientos; todos hemos nacido de una madre; y todos deseamos ser más felices y no sufrir, y que nuestra felicidad, a ser posible, sea duradera. De modo que todas las diferencias que queramos encontrar en los demás (como ideología política, religión, tipo de familia) son secundarias. Si aprenden a identificar lo que las personas tenemos en común, les resultará más fácil comprender a quien tienen enfrente.

• Despertar la sensibilidad social contándoles sobre acontecimientos que ocurren en diferentes lugares de nuestro planeta, para que vean cómo la gente es capaz de encontrar soluciones y salir adelante, y si no es posible dar salida a los problemas en solitario, siempre hay personas que ayudan a otras sin conocerlas. Después, lo único que hay que hacer es dejar que reflexionen, conversen, den ideas, interviniendo solo para reconocerles el esfuerzo por pensar en el problema de otras personas que tal vez viven a miles de kilómetros de distancia, para confirmarles que es posible cambiar una determinada situación desfavorable con gente con la que no se tiene ningún contacto. El simple hecho de valorar sus iniciativas sería considerado casi mágico si no fuera porque, sabemos que en esta etapa, todos tienen «un pequeño justiciero» encerrado en su interior.

Despertar las fortalezas internas en adolescentes
de catorce a dieciséis años

Padres y educadores saben que esta es una etapa decisiva para
el desarrollo de la resiliencia. Hoy más que nunca los adolescentes necesitan aprender a ser amables consigo mismos y también con los demás. Necesitan aprender que merecen ser tratados con respeto, ser valorados y sentirse valiosos, y a valorar
lo bueno que hay en otras personas. Algunos padres creen que
no es posible inspirar en este sentido a la sociedad de hoy,
y quizás por eso pocas veces se les dicen a sus hijos adolescentes que ellos tienen mucho para aportar y que pueden transformar el entorno en que viven, más allá de la familia.

Esta percepción les ayuda a confiar en sí mismos y a sentirse fuertes. A estas edades ya pueden descubrir lo importante que es tomarse tiempo para reflexionar en silencio, con el
objetivo de tomar distancia de los estados emocionales que los
superan, y liberar el estrés tóxico. Unos momentos de silencio
cada día es la mejor medicina para el cerebro. Obviamente, no
se trata de estar en silencio frente a una pantalla, sino de estar
en silencio sin estímulos, dar un paseo en bicicleta, caminar
por una playa...

A veces, en las escuelas, ha dado excelentes resultados practicar en grupo técnicas de meditación compasiva, que acaban
con una charla entre los asistentes, ayudándoles a reinterpretar
las propias emociones negativas. También es importante inspirar en ellos la importancia de que, al final del día, recuerden que

seguramente han tenido más de una experiencia beneficiosa (por ejemplo, que mucha gente les ha tratado con amabilidad y con respeto o que alguien les ha ofrecido un vaso de agua fresca en una tarde de calor...). Lo que se busca es que no pongan tanto la atención en lo que no les ha salido como esperaban.

Es trabajo de la familia, la escuela y la comunidad que en su agenda de vida incluyan el propósito de poner en marcha fortalezas, de modo que a partir de ahora:

• Inspírale para que pueda crear su propia agenda de fortalezas, a fin de que desarrolle una vida interior basada en el autorrespeto. Quizá pueda plantearse propósitos relacionados con su cuidado (por ejemplo, seguir una buena alimentación, sin que falten vitaminas y nutrientes) o plantearse que hará lo posible durante un mes para superar algo que quiera cambiar de su forma de ser. Pero debe ser algo que él decida. Verá que para hacer cambios de este tipo no sirven estrategias de dos veces por semana, como cuando va a hacer deporte o va al gimnasio. Se necesitan otras estrategias. Por ejemplo, puede decir su propósito cada día al levantarse. Si quiere sentirse más motivado para los estudios, puede decirse «Voy a utilizar este día de forma positiva y aunque las cosas no salgan como espero, voy a tratar de verlas como nuevas oportunidades, y por la noche voy a valorar lo que he logrado».

• Muéstrale con hechos cotidianos que la educación no es un medio para ser más astuto o más ingenioso, sino un medio para comprender la importancia de llevar a cabo más acciones sanas y tener una adecuada inteligencia para desarrollar un buen corazón.

• Anímalo a participar en actividades significativas que tengan un componente social (por ejemplo, puede hacer algún voluntariado). Este tipo de actividades proporcionan la oportunidad de conocerse y tener una experiencia emocional profunda.

• Comparte estrategias para cambiar la autocrítica y el juicio negativo sobre sí mismo por una actitud y pensamientos más amables.

• Ayudarle a comprender que la mayor parte de las cosas que le suceden a él también les ocurren a muchas más personas. La consciencia de una humanidad común les permite afrontar mejor los sentimientos de inseguridad, exclusión o tristeza, obtener una mayor perspectiva.

• Exalta la humildad como una fortaleza para la construcción de la propia identidad.

• Enséñale a hacer de un hecho positivo una experiencia de fortaleza interior. Para ello debe:

    a. Mantener durante más tiempo en su interior sentimientos positivos, solo unos minutos o más. Cuanto más veces las neuronas se disparan juntas, más tienden a conectarse entre sí.

    b. Expandiendo la mente con pensamientos constructivos, hasta conectar con emociones que promuevan un mayor bienestar.

c. Reconocer las emociones positivas con eventos cotidianos, como encontrarse a un amigo al que no veía
hace tiempo.

d. Vivir las emociones constructivas como una novedad; esto es: observando qué la hace interesante y sorprendente.

e. Reflexionar en qué nos ha ayudado una determinada
fortaleza y por qué es importante para él.

«La generosidad no consiste en que me des algo que yo necesito más que tú, sino en darme algo que tú necesitas más que yo.»

Khalil Gibran

3. Nacidos para la generosidad

Entre los primates, cuya característica social más destacada es colaborar unos con otros, los bonobos (más conocidos como chimpancés pigmeos) son los únicos que siempre están dispuestos a compartir su comida si están en su hábitat natural. Algunos biólogos los llaman los Robin Hood de los primates. Otros, sin embargo, especulan con que no son tan altruistas como aparentan, sino que, como viven en una tierra en la que nunca falta el alimento, se comportan como niños que no quieren crecer y para quienes todo es un juego.[23]

¿Es la generosidad de los bonobos comparable con la de los niños?

La respuesta es contundente: no.

Los bebés humanos sonríen cuando comparten un regalo mucho más que al recibirlo.[24] Esto hace pensar que, entre los seres humanos, ser generosos desde los cinco meses es una estrategia adaptativa más natural que la avaricia. Una vía para hacer más rápidamente vínculos sociales y tener en poco tiempo más aliados, y para recibir más respuestas positivas del grupo, y por lo tanto sentir más bienestar. «Nuestro cerebro dispone de un sistema de recompensas inmediatas ante ciertas conductas fruto de la selección natural que, a la larga, contribuye a la supervivencia», dice la psicóloga Lara Adkin, quien compara la generosidad con el acto de alimentarnos. Todos los seres humanos funcionamos de acuerdo con un sistema de recompensas inmediatas, dispuesto en nuestro cerebro, que nos otorga placer y felicidad, y contribuye a nuestra supervivencia.

¿Cómo es que en las escuelas no existe aún un proyecto común, divertido, creativo, colorido de ideas, en el que alumnos de todas las edades puedan interactuar, curiosear e investigar en grupo, con la única consigna de ser más generosos, que permita lograr mejores conexiones sociales y que se llame por ejemplo «Activa tu generosidad»?

Imaginad un proyecto para un colegio en el que los alumnos, independientemente de la edad, aprendieran a pensar y vivenciar los beneficios de dar algo a otros, en una sociedad que los educa para que acumulen objetos y está regida por un demoledor consumo... Imaginad a niños de tres años, junto a los de nueve o doce, en una obra de teatro para niños de un orfanato o para ser representada en un asilo, u organizándose para mandar regalos hechos por ellos a los niños en situación de riesgo, aunque ellos también lo estén...

Pero pensadlo también como un proyecto académico. Una actividad social potente que ponga el acento en la generosidad entre los alumnos y que por extensión implique a toda la organización escolar. También sería un excelente proyecto transversal para enseñar aquellos contenidos que necesiten de un importante ejercicio de memoria porque, tal como la investigación ha demostrado, ¡tendemos a recordar mejor las cosas que han provocado en nosotros una fuerte emoción, sea negativa o positiva! Las experiencias de alto impacto emocional, así como las que están impregnadas de significado social, con una buena dosis de felicidad, conexión social y asombro por la novedad, nos ayudan a recordar.

Imaginad que ponéis a su disposición recursos para que investiguen sobre la generosidad en la historia o en su propia familia, y que entre todos los cursos puedan cocrear murales temáticos a lo largo de todo un año.

También es un gran ejercicio de generosidad integrar en las clases de lengua talleres de escritura, para introducir experiencias creativas y sociales, en los que todos puedan compartir la lectura de sus trabajos sin sentirse criticados como personas, porque de lo que se habla o se critica es de la obra creada y el narrador forma parte del mundo de la ficción. En los talleres de escritura entran en juego las emociones y los sentimientos, la creatividad, la amabilidad, el respeto, la capacidad de ponerse en el lugar del otro y, en muy alto grado, la generosidad. Otras opciones son: formar parte de un club de narradores y de lectores o de un taller de creación de marionetas y de guiones teatrales creados por ellos, y que puedan compartir con alumnos de otros colegios. Las experiencias potentes incluyen propuestas creadas por ellos que puedan llevar al barrio, como proyectos de generosidad con personas mayores o cuidado de mascotas en vacaciones o jugar en el parque con niños que parecen excluidos de los grupos...

Los actos de generosidad en el colegio pueden implicar desde darle a un compañero la mitad de un trozo de fruta o media tableta de chocolate a compartir ideas, ilusiones, afecto, cuidados, proyectos... Lo interesante es que advierta que, en lugar de disminuir la ración de fruta o de chocolate, en lugar de «perder» parte de sus ideas geniales, lo que en verdad sucede es que todo crece, porque se expande y se contagia.

La generosidad en los niños, y también en los adolescentes, cambia a medida que crecen. Les preocupa mucho menos compartir lo material porque aprenden que ser generosos es algo que nace de su interior, y esta expresión de la generosidad es lo que les permite mejorar sus vínculos sociales y conseguir una mejor sinapsis social...

La generosidad espontánea no incluye por lo tanto compartir cosas solo tangibles, puede tratarse de aprendizajes, tiempo, juegos, sueños, ideas, y esta es la razón por la que, si queremos que la generosidad se expanda en todos sus matices, es importante que quienes educan ayuden a los niños y a los adolescentes a entender que es imprescindible:

1. Descubrir que tan positivo es dar como aprender a recibir, y decidir de quién, en qué situación y cómo.
2. Reconocer los méritos de quien da, porque eso es también un acto de generosidad.

3. Comprender que un acto generoso es igual a decirle a la otra persona «me importas».
4. Reconocer las verdaderas necesidades de los otros.
5. Valorar el bienestar de los demás como fuente del propio bienestar.
6. Que todos podemos hacer algo para mejorar la sociedad, para que este mundo sea un lugar más fraternal.
7. Comprender que nunca alguien es tan pobre que no pueda ofrecer nada a los otros.
8. Educar en la generosidad también es necesario para los niños y niñas que viven en situación de riesgo social, lo que permite salir del lugar de subsidiados permanentes y empezar a sentirse capaces de dar y aportar, de hacer algo bueno para los demás.
9. Reconocer su dignidad como ciudadanos desde la generosidad.
10. Comprender que hay también una generosidad simple, como ver la puesta de sol y desear que todos los demás también puedan disfrutarla.

La generosidad no solo mueve montañas, también mueve el cerebro

En las aulas, la generosidad se fomenta mediante el intercambio de favores. Se pide a los niños que piensen qué cosa les resulta fácil de hacer y crean que pueden compartir (como tener más facilidad para aprender una asignatura o una habilidad, por ejemplo para inventar o crear, o una destreza para un determinado deporte), y el objetivo es hacerlo al menos dos veces por semana. Después de cuatro meses, es fácil observar una mejora del grupo debido a que se inspiran unos a otros porque valoran lo que cada uno puede aportar, y porque en el intercambio de favores el movimiento es bidireccional, el que da algo de sí mismo también recibe de otro, hay reciprocidad. El microtaller «Yotedoy», que llevamos a cabo desde el programa Educar para la Paz, dirigido a niños de seis a once años con bajos recursos, les enseña a pensar qué pueden dar y a quién al menos una vez por semana. Deben escribirlo en una pizarra y no puede ser nada material. El objetivo es fortalecerlos y sacarlos del lugar de víctimas sociales, así como activar su mentalidad de crecimiento, entre otros muchos objetivos relacionados con el bienestar y los beneficios de la generosidad como aprendizaje social.

La clave de esta actividad está en que tienen que descubrir cómo son, ir a su interioridad, incluso imaginarlo, y solo tienen un fin de semana para averiguarlo antes de volver a clase.

¿Y qué ocurre en el cerebro de niños y adolescentes cuando participan en este tipo de programas?

Imaginar acciones de generosidad, así como tomar decisiones generosas, aun sin haberlas realizado afectan las áreas de la recompensa. Es como «sobreescribir con la imaginación» en las regiones involucradas con la empatía y la cognición social. Ello aumenta el nivel de felicidad debido a que hay dos áreas cerebrales en interacción: la unión temporal parietal y el estriado central.

«Se busca líder generoso»

Seguramente, si entre todos trabajamos un poco más cada día para que la *felicidad responsable* entre en las aulas, muchos estudiantes de hoy serán los que respondan a este anuncio en unos años. Y quizás habremos ayudado a que se deje de creer un poco que el proverbio romano atribuido a Plauto (254-184 a.C.) *Homo homini lupus* («el hombre es un lobo para el hombre»), popularizado por el filósofo Thomas Hobbes, es una verdad irrefutable. Para exculpar a Hobbes, convengamos que en el siglo XVII no se sabía que los seres humanos somos los animales más gregarios del planeta e instintivamente empáticos, altruistas y generosos. Y no solo lo somos de forma individual, sino que también lo son los grupos y las naciones que formamos.

En 2016, la encuesta de Gallup midió el índice mundial de generosidad en 139 países, que implica el 95% de la población mundial, y para ello realizó una segmentación de millones de personas, considerando la realización de, por lo menos, una acción generosa al mes. Dichas acciones podían ir desde ayudar a personas desconocidas hasta contribuir económicamente en alguna causa o trabajar en acciones de voluntariado.[25] ¿Por qué hizo la encuesta? Simplemente porque se sabe que la generosidad y la filantropía de la población civil y no de los gobiernos es lo que hace fuertes a las naciones. La pregunta entonces es: ¿cómo hacer de la generosidad un hábito?

Cinco formas de generosidad que pueden practicar niños y adolescentes

Convengamos que educar para la generosidad es como empezar una carrera de largo recorrido. Entran en escena aspectos como la disciplina y la ética, hay que reflexionar sobre la tolerancia o la paciencia, y sobre la idea de no esperar nada a cambio. También es necesario despojar la generosidad de cualquier idea que implique deber u obligación. En ocasiones, malentender la generosidad implica:

• Querer impresionar a padres, amigos, profesores...
• Actuar con aparente generosidad cuando en verdad se hace por miedo o bajo presión.
• Quedarse esperando gratitud como moneda de cambio.
• Reprochar lo que se ha dado o mostrarse superior ante quien se ha ayudado.
• Alardear de que se le está haciendo un gran favor a quien recibe la ayuda.

La verdadera generosidad es discreta, silenciosa, se realiza anónimamente, de manera respetuosa..., de ese modo se convierte en una fuerza poderosa que conlleva verdadero bienestar interior.

a) **Dar ayuda material**

Consiste en dar una parte de algo tangible, como dinero, ropa, comida... Es importante que los niños y adolescentes aprendan a no dar por impulso, ni a hacerlo para conseguir algo inmediato, como aceptación o la amistad de alguien. Han de aprender a diferenciar la generosidad de otros intercambios como el chantaje. Este es un aspecto muy importante que debemos trabajar en la infancia. Dar generosamente consiste en pensar si la otra persona necesita de verdad lo que le ofrecemos, decidir cómo dárselo, y llevarlo a cabo de manera respetuosa, sin humillar. Dar generosamente, según confirman diversas investigaciones, ayuda a aprender a regular las propias reacciones emocionales ante situaciones estresantes, ya que se trata de una forma particularmente poderosa de practicar y perfeccionar las propias habilidades para autorregularse.

b) **Dar conocimiento**

Cuando yo era estudiante, había una idea extendida que consistía en no explicar a los demás nada antes de un examen para evitar que sacaran mejores notas que nosotros. Dejando de lado que este es uno de los graves problemas de seguir valorando con notas lo que un alumno sabe, algo que solo sirve para dejar fuera de juego a un buen número de estudiantes, como sucede con las valoraciones del informe PISA, lo cierto es que quienes hemos estudiado en grupos de más de seis personas sabemos que, cuando estudiamos con otros y nos ayudamos mutuamente a entender las materias, recordamos mejor lo aprendido. Y esto es clave en la educación del futuro, más que el aprendizaje por repetición para sacar una buena nota en los exámenes. La generosidad de conocimiento es un aspecto determinante de la educación y un motor de la felicidad responsable. Si queremos dejar que los alumnos exploren sus propios intereses y tengan un apoyo individualizado a través de la tecnología y nuevos métodos educativos, hay que enseñarles a ser generosos para que sepan cómo compartir lo que aprenden, de modo que puedan diseñar con otros sus aprendizajes cuando se trate de resolución de problemas reales.

c) **Dar cuidado gentil**

Espontáneamente, las personas nos unimos para reconfortar y ayudar a otros cuando ocurre un hecho inesperado que nos supera como un terremoto, un atentado... También ayudamos a salvar animales maltratados o en peligro de extinción... Incluso abrimos las ventanas para expulsar las moscas mientras hacemos aspavientos con un trapo en lugar de usar insecticida. La clave es cuidar y enseñar a no dañar.

d) Regalar buenos deseos

«¿Cuántas horas pasáis durante al día rumiando lo que os duele?» A los niños de entre ocho y diez años les encanta contar todo cuanto les molesta y no pueden dejar de pensar. Pero cuando me explican que cerrando los ojos y centrándose en la respiración durante cinco minutos no pueden parar la mente, les doy un truco infalible: salir a la calle y desearle mentalmente algo bueno a la gente con la que se cruzan; por ejemplo, pueden imaginar que les regalan una flor. Repartir buenos deseos les encanta a los niños y les ayuda a recuperar la sensación de calma. También pueden regalárselos a los compañeros de clase o a otras personas que conozcan. A veces alcanza con que a primera hora de la mañana llamen al beneficiado por su nombre y le digan «te deseo que tengas un buen día».

e) Dar trabajo social

Los niños desde los seis años y los adolescentes realizan grandes aprendizajes cuando forman parte de algún proyecto en el que aportan sus ideas y su esfuerzo para bien de otras personas. El trabajo social simple, como acompañar durante el recreo a niños pequeños con alguna dificultad para que no tengan que estar solos, les permite beneficiar a quien lo necesita pero al mismo tiempo conocer sus habilidades y fortalezas internas, y el modo en que se entienden a sí mismos. A menudo solo se trata de implicar a las escuelas con personas representativas del barrio para crear proyectos solidarios, que sirvan para fomentar en los niños la importancia del compromiso social, de modo que si alguien cuenta con ellos no vale cambiar de opinión o arrepentirse.

Desde un círculo cercano...

Sin duda, cuantos más adultos generosos haya, mayor será el contagio de la generosidad entre niños y adolescentes.

Tengo la fortuna de venir de una familia de personas generosas, y solo me he enterado (y me entero) de sus actos por casualidad. Aún tengo el recuerdo del día en que conocí a Cara Sucia, un niño de unos siete años que desde hacía un año cada tarde venía a casa de mis padres a buscar su bocadillo de dulce de membrillo sin que yo me hubiera enterado. Tocaba el timbre y se quedaba en el portal de mi casa con las manitas apretadas como si esperara un tesoro. Mi madre le preparaba el bocadillo y luego se lo daba, y Cara Sucia lo devoraba en un instante. Recuerdo que le pregunté a mi madre de qué lo conocía y por qué le daba el bocadillo. «Solo sé que es uno de los hijos del hombre que recoge la basura en el carromato que pasa por las noches. ¿Tengo que saber quién es si llama a mi puerta porque tiene hambre? –me respondió–. Yo solo veo que es un niño que cada día quiere comer un trozo de dulce de membrillo con un poco de pan y al que le encanta que le llame Cara Sucia». Me la quedé mirando. Mamá tenía ese brillo especial que da la generosidad silenciosa. Después supe que no era el único que venía a buscar comida a casa, y que mamá no solo cocinaba para nosotros, sino también para una familia con dos niños. Los padres se habían quedado en el paro y se llevaban su olla con comida tres veces por semana. Para una adolescente en un pueblo de no más de 3.500 habitantes saber esto, inesperadamente, fue sin duda conmovedor. Mis hermanos y yo tuvimos la suerte de pertenecer a una familia que comprendía el valor de dar, y eso nos ha permitido aprender que siendo generosos nunca pierdes, al contrario, la generosidad siempre se ve premiada con grandes ganancias. Personalmente, me ha permitido descubrir una fuente de vitalidad porque la generosidad es una increíble ayuda para relativizar y trascender los baches de la vida.

Inspirar la generosidad en niños de tres a cinco años

Para fomentar la generosidad en esta etapa es importante:

• Proporcionar a a los niños experiencias de reverencia y cuidado de los animales y la naturaleza.
• Compartir alimentos en familia (por ejemplo, si queda una porción de comida cortar un trozo para cada uno).
• Respetar sus tiempos de aprendizaje, sus pertenencias, y darles la posibilidad de jugar con otros niños para que aprendar a compartir sus juguetes.

- Evitar recompensas materiales por un comportamiento generoso, ya que el bienestar que proporciona la experiencia es la mejor recompensa.
- Mostrarles la importancia de comprar productos que destinen el dinero a causas benéficas.
- Reconocer el esfuerzo de los niños mediante un gesto de aprobación, una caricia o una mirada cómplice. No se necesita más. Para el cerebro este es «el gran premio».
- Ayudarse unos a otros en la familia.
- Está bien elogiar el carácter generoso del niño en la intimidad familiar y en su presencia, pero lo fundamental es realizar juntos algún acto de generosidad, ya que ver actuar generosamente a los padres o adultos de referencia tiene un mayor efecto que las palabras.
- Contarles cuentos como *El gigante egoísta* de Oscar Wilde y proporcionarles juegos donde la clave sea dar a otro algo de lo que uno tiene.

Inspirar la generosidad en niños de seis a nueve años

En esta etapa, los niños ya comprenden que la generosidad es una manera de entender la vida, y que nada tiene que ver con hacer cosas para quedar bien.

- Enséñales cómo es posible ser feliz con menos cosas materiales.

- Enséñales a meditar con un enfoque generoso y compasivo, ya que esto cambia la actividad cerebral.
- Ínstales a que piensen lo que necesitan las personas que están en desventaja social, por ejemplo, y que dediquen a ello un poco de su tiempo. A veces solo se trata de dedicar un poco del propio tiempo.
- Enséñales a aceptar la generosidad de personas de su edad y a ser agradecido. Esto parece fácil, sin embargo, en esta etapa de crecimiento les cuesta comprender que nadie tiene la obligación de ser generoso, que serlo depende de una decisión interior.
- Ayúdales a no quedarse en las buenas intenciones cuando quieran dar algo, y a llevarlo a cabo.
- Valora la realización de actos generosos en actividades cotidianas, como ayudar a cruzar la calle a personas mayores o discapacitadas, ofrecer el asiento en los medios de transporte, etcétera.
- Conversa con ellos sobre qué entienden por un bien mayor. Puede resultar sorprendente lo que saben en esta etapa sobre cómo beneficiar al grupo.

Inspirar la generosidad en preadolescentes de diez a trece años

En esta etapa, los preadolescentes a menudo dan una gran importancia a la sociedad diversa y consumista que les dice que ser feliz es el resultado del «come lo que te dé la gana» o «compra lo que ya todos tienen». El consumismo de nuestra sociedad apela constantemente a la idea de que serán más felices si compran más, gastan más, empiezan a dar una atención exagerada a su cuerpo, independientemente del cuidado de la salud o ser mejores personas. Pero en esta etapa también pueden decidir cómo quieren ser generosos, así que:

- Permíteles que participen de una actividad familiar en la que todos hacen una lista de aquellas cosas que a cada uno le gustaría reciclar, regalar o donar.
- Promueve actividades con la familia extensa en las que una vez al mes todos puedan donar o regalar algo que tengan repetido o cuando sea muy similar a otra cosa que posean. Puede que tengan un detalle diferente, pero ayúdales a preguntarse si realmente vale la pena tener las dos cosas, si no sería mejor que una de ellas la aprovechara otra persona. Puede tratarse de ropa, zapatos, accesorios de moda...
- Ayúdales a reflexionar cada tanto sobre su vida con preguntas abiertas referidas a qué les causa estrés, si se preocupan mucho por el qué dirán... Tal vez confeccionar una lista sobre lo que les aflige les permita ver que hay preocupaciones innecesarias, y que muchas veces tantas preocupaciones son el resultado de centrarse solamente en uno mismo, lo que nos hace estar tristes porque nos centramos solo en las propias dificultades.
- Enséñales a dar o reciclar aquello que ya no les sirve, antes de tirarlo sin más. Cuando lo hagan, muéstrales que la gene-

rosidad es un buen camino hacia la abundancia, porque equilibra interiormente, permite fluir y pone en marcha un movimiento increíble de bienestar que se contagia. ¿La razón? Que quien recibe un acto generoso se siente contagiado por la bondad de quien lo realiza y motivado para trasmitirla.

- Sugiéreles que compartan la música que les agrada con amigos. La música no solo es un elemento importante en todas las culturas, sino que es una forma de compartir afecto que nos ayuda a conectarnos mejor, mejorando las conductas para que seamos más amables y generosos. La música nos hace pensar durante más tiempo en el bienestar de los demás.

- Lleva al colegio de tu hijo la posibilidad de que cada padre, cada docente y cada alumno realice cinco actos de generosidad durante el curso. Y que entonces, donantes y receptores, cuenten cómo ha ido la experiencia. En los colegios donde llevamos el programa «Yotedoy» y pudimos implicar a padres y profesores, quienes recibían beneficios ya estaban activando su generosidad hacia otros y se sentían más conectados con los demás. En las aulas donde había más diversidad social, el programa logró que casi desaparecieran por completo los problemas étnicos debido a que los alumnos ya no sentían ansiedad al interactuar con alguien de otra cultura. «Tengo más amigos de otros países que del mío» dijo un niño de once años (que era muy activo en el programa) a sus padres el día que hizo las invitaciones para su cumpleaños.

Inspirar la generosidad en adolescentes de catorce
a dieciséis años.

En una conferencia para cuatrocientos adolescentes de entre
trece y dieciséis años pregunté: «¿Cómo creen que podríamos
comenzar una verdadera revolución de generosidad?». Previamente les había dicho que la generosidad es parte de nuestra
herencia biológica y que nos ayuda a avanzar juntos. Como
bien dice un proverbio africano: «Si quieres ir rápido, ve solo.
Si quieres ir lejos, ve en grupo». Era hora de pensar cómo desde los colegios se podía empezar a despertar la generosidad en
las familias y en el barrio. Rápidamente levantaron la mano
pidiendo un micrófono y hablaron de ayudar a los compañeros
que recibían burlas, de la importancia de acoger a los niños en
hogares transitorios, de regalar la ropa cuando les iba pequeña... Habían escuchado atentamente que ser generosos con los
demás permite liberar neuroquímicos en nuestros cuerpos que
aumentan la confianza y nos transmiten una sensación cálida.
¡Y era evidente que a media que hablaban lo estaban imagi-
nando! Y, seamos sinceros, para estos jóvenes bombardeados
por el *marketing* que los incita a comprar y probar cosas nuevas no puede ser tan fácil ser generosos, pero sin duda iban
a lograrlo... Estaban descubriendo en grupo que podían entrenarse (y crear nuevas conexiones en sus cerebros) para actuar
con más generosidad, incluso con más generosidad hacia sí
mismos.

- Deja a su alcance libros y artículos para que aprenda a detectar cuándo su pensamiento está dominado por el estrés y se muestra más egoísta. O bien en una conversación informal explícale que es algo que nos ocurre a todos los seres humanos. Cuando estamos estresados, el cuerpo se inunda de neuroquímicos que preparan el sistema de alarma interno para luchar, huir o quedarse paralizado. Y, obviamente, todas estas sustancias actúan contra el deseo de acercarse a los demás y ser generosos con ellos. En tales casos se pueden hacer estiramientos lentos y fáciles, practicar meditación compasiva (que consiste en ciertas formas de meditación en las que se desea *el bien* a aquellas personas con las que no se tiene una buena relación o están fuera del propio círculo de cuidados), dar un paseo por un espacio natural, como un parque o el margen de un río, o acariciar a una mascota.

- Crea espacios familiares para el ocio creativo, a fin de que los chicos y chicas puedan escribir poesía o un relato, dibujar, pintar.... Es interesante en esta etapa practicar este tipo de actividades porque les permite perder la noción del tiempo y entrar en estado de flujo.

- Promueve la generosidad en la familia para que se convierta con el tiempo en una práctica habitual en la vida de tus hijos. Además, en la adolescencia, la generosidad aumenta su bienestar y les permite reflexionar sobre sus experiencias y disfrutarlas.

«La mejor forma de hacer buenos a los niños es hacerlos felices.»

OSCAR WILDE

4. Ciertamente, la amabilidad mejora la vida de todos

El filósofo alemán Arthur Schopenhauer, autor de *El arte de ser feliz*,[26] sostenía que «la amabilidad es una almohadilla que amortigua los embates de la vida». Probablemente, esta sea una de esas ideas que deban repetirse una y otra vez si deseamos una educación que integre las emociones y despierte el cerebro social en la educación del siglo XXI.

La amabilidad no es solo un acto de cortesía. Es un camino directo al corazón. Permite ver lo esencial. Porque contrariamente a lo que dice el protagonista de la obra *El principito*, de Antoine de Saint-Exupéry, lo cierto es que lo esencial no es invisible a los ojos. Cuando decidimos ser amables, «vemos» aspectos interesantes en muchas personas con las que nos cruzamos y a las que les mostramos amabilidad, y muchas de esas personas a menudo despiertan nuestro interés. Y lo mismo les ocurre a los niños y a los jóvenes.

No pensamos qué vamos a ganar o qué vamos a obtener, simplemente compartimos. Simplemente somos amables y sintonizamos unos instantes. Porque he aquí la clave de la amabilidad: tener la posibilidad de acercarnos y conectar.

De hecho, la amabilidad puede entenderse como el medio de transporte más rápido para viajar de corazón a corazón. Cuando nace de nuestro interior, no acaba en la repetición de fórmulas de cortesía, es ante todo una actitud con la que podemos mostrar a otras personas hasta qué grado nos interesan. Sentimos por ellas simpatía, respeto y comprensión...

De modo que, si queremos que niños y adolescentes hagan de la amabilidad un propósito y se sientan comprometidos, empecemos a ser amables con ellos en toda situación, incluso cuando las relaciones se vuelven complicadas. La amabilidad, convertida en hábito, les ayudará a descubrir un nuevo modo de ser, a saber cómo comportarse en situaciones hasta el momento desconocidas. La amabilidad les permite tomar cierta distancia emocional y, por lo tanto, tomar mejores decisiones o decidir cuándo y cómo implicarse. Para los niños, la amabilidad es además una excelente puerta de entrada a la generosidad y al altruismo. Y cada uno se mostrará amable a su modo: los habrá más afables, más parlanchines, más ceremoniosos, más risueños... Cada uno tendrá su forma particular de incorporar la amabilidad a su vida, según su forma de ser, desde su interioridad, desde su modo particular de echar mano de la amistad, de la ilusión, de la fuerza, de la curiosidad por descubrir quiénes son los demás y descubrirse a sí mismo, siendo amables sin necesitar ningún motivo...

Inspirar a los jóvenes a ser amables en una sociedad que premia a quienes se comportan como simples espectadores, a quienes se dejan llevar por las modas sociales a riesgo de ser excluidos, es complicado, pero no imposible. El «efecto espectador», descrito y estudiado por los psicólogos Bibb Latané y John Darley, se hizo popular en la década de los 1970. Hace hincapié en que la indiferencia, el no ver al otro, el no comprometerse, responde en gran medida a una percepción difusa de la propia responsabilidad, con lo que la respuesta fácil es pensar para qué molestarse por conectar o ayudar si «ya otros lo harán». El efecto espectador en el siglo XXI ha llevado la indiferencia a un excesivo activismo virtual, cuyo único compromiso es hacer una foto y denunciar su contenido en las redes. Obviamente, educar en la amabilidad desde edades tempranas ayuda a salir al encuentro del otro y no caer en la inercia de optar fácilmente por acomodarse en el lugar de espectador.

Los humanos nos depiojamos a nuestro modo

¿Quién no ha visto en las esquinas de pueblos y de ciudades a grupos de personas conversando animadamente? El chismorreo tiene mala prensa, sin embargo, para el psicobiólogo Michael Gazzaniga, profesor de psicología en la Universidad de California[27] (y tal como también confirma un gran número de investigaciones antropológicas), suele ser imprescindible para vivir en sociedad. «El chismorreo suele ser el equivalente humano al despioje en otros primates [...], ocupa gran parte de tiempo de un primate». Obviamente, los seres humanos no nos despiojamos para mantener el contacto, pero el chismorreo funciona de manera similar. «Las ventajas del lenguaje –insiste Gazzaniga– es que puedes despiojar a varios a la vez [...], puedes obtener y dar información».

El chismorreo, entendido como un estilo de conversación improvisada, permite a los humanos mostrarse tan vulnerables como tramposos... Les permite hablar de sí mismos de modo informal, mediante conversaciones que a menudo empiezan de modo amable, para acabar envueltos en tramas e historias difíciles de juzgar, pero que mantiene al grupo conectado, como un pegamento increíble usado para unir a las personas, aunque no haya garantías de que terminen bien. Algunos investigadores insisten en que el chismorreo pudo haber servido para formar parte de un grupo exclusivo o para conocer a aquellos que resultan «peligrosos» para el grupo, porque embaucan o porque pueden causar un riesgo en algún sentido. En cualquier caso, en el chismorreo ya sabemos que ni se habla de Sócrates ni de la teoría cuántica, y sí generalmente más de los demás o de uno mismo.

Los niños también chismorrean

Cuando los niños o los adolescentes reciben palabras amables de personas de su edad se sienten especialmente tenidos en cuenta. Cuando las usan, sienten además que son capaces de conseguir más amigos, y el chismorreo como mecanismo de unión les viene al dedillo. Según un estudio reciente realizado desde el área de psicología del desarrollo,[28] a partir de los tres años los niños chismorrean *para mantener la cooperación*. Así lo demuestran las investigadoras Meltem Yucel y Amrisha Vaish desde la Universidad de Virginia, que también explican que muchas veces chismorrean como mecanismo de protección, para no ser culpados o para no ser víctimas de un daño mayor. También chismorrean cuando otro hace trampa o cuando un niño roba algún objeto a otro, por lo que los chismes entre niños tan pequeños tienen como mínimo tres funciones: reconocer que en la vida social hay normas que cumplir, imponer normas y asegurarse de que todos las sigan.

¿Hablar o bostezar?

Cuando los adolescentes tratan de modo amable a niños más pequeños se sienten plenos interiormente. Cuando usan palabras amables con personas mayores perciben sentimientos de dignidad. En ambas situaciones, las palabras amables les ayudan a conseguir estados constructivos, les hacen sentirse aceptados, mantener una actitud mental positiva, descartar actitudes desafiantes; además su amabilidad es contagiosa y notan que ellos también reciben muestras de empatía, compasión y generosidad. La amabilidad permite que las emociones positivas vayan en ambas direcciones. De hecho, la amabilidad mejora no solo la comunicación sino la sincronización entre las personas, que acaban usando un tono de voz similar y movimientos parecidos, como ocurre con el contagio del bostezo. Matthew Campbell, profesor de psicología de la Universidad de California, cree que copiar los bostezos es un acto para ayudar a sincronizar acciones en un grupo. Si se contagia el bostezo en un grupo, en pocos minutos todos parecerán haberse puesto de acuerdo para realizar movimientos similares, si uno se pone de pie, todos lo harán, si esa misma persona se sienta en el suelo, todos le seguirán en breve. Del mismo modo, la sincronía es una consecuencia interesante cuando se practica la amabilidad en un grupo. Se descubren con mayor facilidad nuevos canales para imitar a los demás y para conectar con sus emociones, pero también con aquellos aspectos que nos permiten ser mejores seres humanos. Independientemente de que las investigaciones hablen hoy del «gen de la amabilidad», las experiencias de encuentros amables son determinantes: conectan las mentes, activan emociones positivas, y producen cambios fisiológicos; permiten conectar con la mente de quienes nos rodean y también mostrar nuestra mente. Nos permiten sentir que estamos conectados, y también decirnos a nosotros mismos «soy suficiente aquí y ahora».

Empecemos a usar nuestras palabras para construir un mundo más amable. Y no solo para cambiar el estado de ánimo de una persona que nos interesa, también la de muchas que ni tan siquiera nos hemos cruzado antes en nuestro camino, simplemente para generar «el contagio de la amabilidad». Y es que, si regalamos palabras y actitudes amables, algunas de esas personas que lo han recibido serán amables con otras personas, casi de inmediato. Porque así es como funciona. ¡Somos redes en medio de canales de amabilidad!

Richard Weissbourd, psicólogo de la Universidad de Harvard y autor de un proyecto interesantísimo para que los niños aprendan el valor del cuidado, destinado a enseñar a los niños a ser amables desde edades tempranas, no deja de lado a los padres, de hecho los invita a hacer del cuidado a otros una prioridad, para que los niños vean actitudes de amabilidad hacia otras personas. El objetivo es que los niños aprendan desde pequeños a conjugar sus necesidades con las de los demás. Y la clave para conseguirlo es, como ocurre siempre en estos casos, que estos comportamientos no sean recompensados. Es una actitud que se espera de ellos y por tanto no se debe dar ningún tipo de premio.

Otra de las premisas es que, desde edades muy tempranas, los niños tengan la posibilidad de aprender a cuidar y a ser amables con los otros. Siempre pido a las mamás que tienen un bebé que lo lleven al colegio de sus hermanos para que los niños vean cómo hay que cuidarlo, que vean que, además de mirarlo y acariciarlo, hay que estar atento a sus necesidades, compartir con ellos la mirada, compartir un juego, una sonrisa, impedir que se haga daño...

Los niños necesitan practicar y experimentar que sí pueden contribuir en la vida de otros. Los estudios demuestran que las personas que tienen el hábito de ser amables son más propensas a ser generosas, a perdonar y a ser felices.

También es de gran interés en las familias y en las aulas ampliar el círculo de amabilidad de niños y adolescentes. Por ejemplo, pueden ser amables con una persona del barrio tras haber practicado la amabilidad con la familia y los amigos. Entre los preadolescentes y adolescentes, a veces, el círculo se abre al chico o a la chica nueva de la clase o a alguien que no entiende su idioma o a chicas y chicos de otras etnias que no van a su mismo colegio. Los objetivos se deciden en el grupo de la clase o en la familia, con la participación de todos. La amabilidad es, por lo tanto, un modo de darles valor como personas, por lo que resulta positivo conocer los propios valores a partir de lo que sienten cuando conectan de un modo agradable con los demás.

Enseñemos a escanear el efecto de la amabilidad

A los niños y a los adolescentes les encanta ser amables porque esto les da un protagonismo a medida. Diversas investigaciones han demostrado que al interactuar amablemente con los demás es fácil detectar rápidamente la sensación de bienestar. Sugiero al lector que haga la prueba de conectar con sus emociones después de un acto de amabilidad, ¡es similar a realizar cinco respiraciones profundas! La mente y el cuerpo se oxigenan... Con la amabilidad pasa algo similar: rápidamente podemos experimentar los beneficios de ser amables con otros.

¿Qué significa esto en los niños?

¿Qué implica en los adolescentes?

Comprueban que el bienestar que experimentan al ser amables, al hacer algo positivo por los demás, les dura horas y horas y les hace felices; esto es lo que llamamos *felicidad responsable.*

Los niños y los adolescentes pueden fácilmente reconocer este tipo de felicidad con solo escanear cómo se sienten. Primero se les pide que recuerden en sí mismos un episodio de felicidad cercano en el tiempo. De camino al colegio, por ejemplo, para que puedan evaluar cuán felices se han sentido en una escala de uno al diez. Luego se les pide que recuerden las veces que han sido amables con desconocidos, como cuando han ofrecido el asiento en el autobús, y que vuelvan a calibrar su estado en esa misma escala del uno al diez. Los resultados son para ellos mismos sorprendentes.

Al principio, en las familias y en las aulas se puede pactar con ellos qué día de la semana será «el día de la amabilidad». Con la práctica, podrán ver cómo poco a poco se convierte en una característica importante de comportamiento y en un modo de ser.

Construye comunidad de niños y adultos amables en el barrio y en la escuela de tus hijos

Queremos estar conectados y la amabilidad es para ello un acto increíblemente potente, una gran fortaleza que ayuda a desarrollar el carácter y potencia la inteligencia social. Nos permite crear círculos de cuidado y bondad, que tenderán a propagarse e influir positivamente en todas nuestras redes sociales.

Un primer paso consiste en crear una pequeña red de personas, formada por padres, profesores, alumnos, abuelos, personal de mantenimiento del colegio, cuyo principal objetivo sea ser amables. Sí, algo tan simple como esto puede crear una verdadera revolución, puede expandir una gran dosis *de bienestar* y mejorar la vida de muchas personas. Puede llegar a otros colegios y también a asilos, a asociaciones diversas... En un primer momento proponerse la amabilidad como meta puede parecer algo excéntrico en una cultura dominada por el *marketing* y la economía, pero no lo es cuando se trata de una actividad para compartir con niños y adolescentes. La amabilidad, además de ayudarnos a fomentar las relaciones, nos facilita el trabajar juntos y sobrevivir en grupos, mejora la salud mental y física, el placer por vivir y por disfrutar de las cosas buenas, e incluso hace de los problemas de la vida un aprendizaje positivo. Puedes hacer carteles con algunos de sus beneficios y llevarlos a las salas de espera de los centros de salud, a la oficina de correos, a la farmacia del barrio y a la puerta de la iglesia, y también pegarlos en los paneles de ofertas de trabajo en las universidades...

La amabilidad ayuda a:

- Superar la barreras sociales.
- Afrontar el estrés tóxico que te aleja de los demás y te obliga a atacar, retraerte o huir.
- Superar la sensación de agotamiento.
- Ser más empático y respetar los sentimientos de los demás.
- Prestar más atención a las cosas positivas que suceden a tu alrededor. Te condiciona positivamente al crear oportunidades para *la* emoción *positiva*.
- Experimentar más sentimientos cálidos.
- Abrirte a ser más amable aun en relaciones complicadas.
- Aumentar la autoconfianza, lo que permite un incremento de la autoconsciencia. Esto ayuda a los niños y a los adolescentes a no confundir que ser amables no está reñido con defenderse si son atacados, pero su respuesta será cada vez más acorde.
- Querer dar cada vez más respuestas amables debido a que la amabilidad aumenta los sentimientos de bienestar y, cuanto más se practica, más se desea seguir haciéndolo.

La amabilidad en las redes sociales

¿Cómo llevar la amabilidad a las redes sociales? Qué pueden hacer los niños y los adolescentes para no dejarse influir por el mensaje proveniente de las redes en las que ser amable puede ser síntoma de debilidad?

El otoño pasado, un grupo de padres de un colegio suizo que desarrolla programas innovadores en España me trasladó la gran preocupación de muchos ellos: ¿cómo podían limitar el uso que sus hijos hacían de las redes sociales?

Aplicar lo que sabemos de contagio emocional en la red a partir de los aportes de la neurociencia me pareció la mejor opción. Nos reunimos y les expliqué acciones que podían poner en práctica desde el primer día. También les sugerí que animaran a sus hijos a idear proyectos y los llevaran a su escuela para evitar que sus compañeros estuvieran tanto tiempo enganchados frente a las pantallas o se sintieran intimidados y no se atrevieran a tomar sus propias decisiones.

Estos fueron los puntos sobre los que trabajamos:

a. ¿Para qué es necesario ser amable en la red?
No se trata tanto del «¿por qué?», sino del «¿para qué?». Y la respuesta es: para cuidar de los demás, para valorar a quienes nos rodean y conseguir que los demás se sientan mejor. Internet es un gran amplificador de emociones y mensajes negativos y positivos, y las redes son el camino por el que estos discurren. De hecho, saber hacer preguntas es otra de las habilidades que niños y adolescentes necesitan para explorar el mundo virtual. Al enseñarles a preguntar «¿para qué es importante la amabilidad en las redes?»,

aprenden la importancia de incluir a los demás. Después, se les pide que reflexionen sobre la cantidad de tiempo que dedican a estar inútilmente en las redes, por ejemplo, para discutir o hacer comentarios vacíos... La amabilidad permite usar ese tiempo en cosas más interesantes o simplemente podemos no hacer nada, algo que tanto gusta a los adolescentes.

b. **La amabilidad puede ser el pasaporte para el futuro**, algo que habitualmente no se tiene en cuenta en las escuelas, pero que sí se tiene en cuenta en los trabajos de la era global. A diferencia de la era industrial, las nuevas generaciones están motivadas para aprender, pero creer que pueden conseguirlo todo rápidamente (información, compras por internet, o si quieren ver una serie pueden verla entera de un tirón), aún no saben que, para construir relaciones hay que tomarse tiempo, hay que saber lidiar con la frustración y el estrés, y la amabilidad puede ser un excelente puente para construir relaciones tanto en la vida social como laboral.

c. **La amabilidad en las redes facilita la resolución de problemas.** Las habilidades blandas como la amabilidad y hacer las preguntas correctas aumentan la imagen de confianza, promueven habilidades de liderazgo e incrementan la capacidad de influir positivamente en otras personas que participan en la red.

d. La amabilidad abre las puertas a nuevas iniciativas en la red. A los adolescentes les apasiona ser ciberresponsables y fomentar proyectos relacionados con la solidaridad y los derechos humanos.

¿Y si la amabilidad de los hijos dependiera de la amabilidad de los padres?

En la remota isla caribeña de Cayo Santiago viven unos mil macacos provenientes de una camada de su India nativa. Cuando estos monos llegan a la adolescencia, las hembras se quedan en la manada, pero los machos la abandonan para encontrar su lugar en otro grupo. Un 20% de ellos muere en el intento. Las investigaciones científicas demuestran que los más sociables, que son los que presentan los niveles más bajos de hormonas del estrés (están mejor preparados para aproximarse, hacer amigos y enfrentarse a los machos desconocidos del nuevo grupo), tienen más probabilidades de sobrevivir. Esos bajos niveles de estrés están relacionados con cómo fueron tratados por sus madres, la frecuencia con que jugaban con ella o eran despiojados.

De igual modo, los investigadores han descubierto que los mandriles que viven en Kenia cerca del Kilimanjaro, para los cuales la infancia es muy peligrosa, tienen más probabilidades de sobrevivir si sus madres son sociables. Según estas investigaciones, la amabilidad de la madre contribuye a la supervivencia de su prole, tanto para defender a las crías del hostigamiento como para acicalarlos, lo que los mantiene más relajados y sanos. Entre los humanos, la amabilidad y los buenos tratos parentales son determinantes para el desarrollo psíquico, físico, emocional y espiritual de los hijos.

En este sentido, es determinante el desempeño positivo del rol parental, o parentalidad positiva, definida como el conjunto de conductas parentales que procuran el bienestar de los niños y su desarrollo integral desde una perspectiva de cuidado, afecto, protección, enriquecimiento y seguridad personal, así como de no violencia, que proporciona reconocimiento personal y pautas educativas, e incluye el establecimiento de límites para promover su completo desarrollo y el sentimiento de control de su propia vida. El objetivo es que los niños puedan alcanzar sus mejores logros tanto en el ámbito familiar como en el académico, con los amigos y en el entorno social y comunitario.

Algunas maneras de favorecer el ejercicio de la parentalidad positiva:

- Reconocer que los padres somos el espejo donde se miran nuestros hijos; somos sus modelos, así que nuestra amabilidad es imprescindible.
- Dirigirnos con amabilidad a otros conductores cuando conducimos y también cuando nos molestan con llamadas a nuestro domicilio las empresas de *marketing*.
- Generar dentro de la familia un clima emocional favorable para todos sus integrantes.

- Reconocer y expresar adecuadamente nuestros estados emocionales.
- Encontrar posibilidades en medio de la dificultad.
- Salir fortalecidos de circunstancias adversas.
- Practicar la sonrisa amplia y el buen humor.
- Poder ver que lo negativo solo es una parte de la existencia, mostrando que las adversidades son temporales (y no hay que caer en pesimismos).
- Poner en marcha estrategias para aumentar el bienestar familiar (¿cómo podríamos pasarlo mejor?).
- Hacer un esfuerzo para mirar con optimismo y usar palabras positivas para describir el mundo en que vivimos.
- Poner en palabras los sentimientos (favoreciendo el reconocimiento de las distintas emociones, su diferenciación y la expresión emocional).
- Mantener la esperanza aun en situaciones difíciles.
- Cultivar los valores y las virtudes.
- Fomentar emociones positivas como la alegría, el amor, el buen humor y la esperanza, entre otras.
- Favorecer un clima de contención emocional.
- Estimular la capacidad de ser felices.
- Manifestar con mensajes claros nuestro amor hacia nuestros hijos.
- Respetar sus emociones y sus ritmos personales.
- Guiar y orientar a nuestro hijo a través del afecto.
- No humillar ni descalificar.
- Fijar límites y normas claras.

- No sobreproteger al niño quitándole autonomía y oportunidades de aprendizaje que pueden aumentar su autoestima, entrenar su capacidad de tomar decisiones, etcétera.
- Apreciar, reconocer y potenciar sus fortalezas.
- Mostrarle que los errores son una oportunidad de aprendizaje y entrenar su tolerancia a la frustración.
- Confiar en su habilidad para resolver dificultades y enseñarle estrategias (negociación, búsqueda de alternativas y soluciones, etcétera).
- Poner el acento en sus capacidades, no en las carencias o dificultades.

Ayudarles a ser más amables entre los tres y los cinco años

Los seres humanos pasamos del grupo familiar a convivir en espacios públicos con personas de edad similar con solo uno o dos años. A medida que crecemos, estar con otros seres humanos de edades parecidas nos proporciona destreza y nos permite ensayar cómo es eso de ser amables con desconocidos. Una actividad divertida que puede llevarse a cabo en la familia es crear un «jardín de amabilidad». Se trata de hacer una manualidad: se crean flores poniendo en el centro una foto de la cara de cada miembro de la familia y se dibujan pétalos en los que se escriben las cosas amables que cada uno de ellos realiza. Luego estas flores pueden colocarse en un espacio común de la casa, cerca de donde la familia desayuna, por ejemplo.

Así los niños podrían recordar los actos amables de todos los integrantes de la familia. Las flores con todos sus pétalos pueden decorar otros lugares de la casa; por ejemplo, se pueden colocar debajo del cristal de la mesa del comedor o se pueden pegar en la nevera.

Los niños también pueden aprender aspectos que refuerzan la convivencia amable como:

1. Deben tratar a los demás como les gustaría que les trataran a ellos.
2. Pedir permiso, aprender a presentarse, saludar según las distintas horas de día, felicitar a los demás mediante objetos que tengan un valor personal, como un dibujo, una canción; pedir las cosas por favor, dar las gracias, usar palabras adecuadas.
3. Permitirles que ayuden con ciertas responsabilidades en casa, dándoles la oportunidad de decir «no» cuando no quieran hacerlo.
4. Pedir las cosas con buenos modales.
5. Devolver a tiempo y con buenos gestos lo que se les ha prestado.
6. Hacer favores a los demás.

Ayudarles a ser más amables entre los seis y los nueve años

El esfuerzo por ser amables ayuda en esta etapa a los niños a regular muchos sentimientos fuertes. Ante una situación que los supera, respirar y actuar con amabilidad hacia sí mismos les ayudará a no dejarse llevar por la primera reacción. Ejercitar la amabilidad les permite pensar y razonar acerca de sus propios sentimientos. Ir del pensamiento a los sentimientos.

Estas son algunas de las cosas que pueden hacer para practicar la amabilidad:

- Dar las gracias a las personas de su círculo cercano, y también empezar a practicar la amabilidad con alguien que no pertenezca a su familia.
- Saludar a desconocidos en situaciones específicas y casuales (por ejemplo, a la persona encargada de los lavabos en la estación de trenes, o en un centro comercial).
- Ofrecer su asiento en el autobús.

Ayudarles a ser más amables entre los diez y los trece años

Los preadolescentes son curiosos respecto de cómo reaccionan los demás cuando interactúan con personas de su edad a las que no conocen de nada. Esto les favorece. Muchos de ellos son verdaderos líderes en amabilidad justamente por estos niveles de curiosidad, que les permite conectarse mejor y experimentar la novedad, desarrollando un alto sentido intuitivo y un alto nivel de inteligencia social, absolutamente necesaria tanto en esta etapa como en la siguiente, en la que necesitarán poner en práctica su alta adaptabilidad.

La curiosidad en esta etapa también les facilita el saber «leer» el lenguaje no verbal durante las interacciones, pero lo más importante: aprenden rápidamente cómo arreglárselas en situaciones de rechazo o situaciones difíciles. A medida que se vuelven más hábiles utilizando la amabilidad, descubren cómo conectarse mejor incluso con los extraños. También descubren que este modo de relacionarse produce efectos en sus pares, quienes les ven como más interesantes. De hecho, los jóvenes necesitan darse cuenta por sí mismos de lo siguiente:

- La amabilidad beneficia los encuentros sociales positivos.
- Los rasgos sociales positivos, como la generosidad, la compasión y la empatía, son entrenables, para que ellos puedan decidir cómo quieren sentirse ante aquello que les pasa.
- Los seres humanos no pensamos ni sentimos igual en todo momento, pero ello no es excusa para dejar de ser amables.
- Pueden salir de la inacción con solo tener una actitud amable.

Ayudarles a ser más amables entre los trece
y los quince años

Realmente no se trata de que los adolescentes sean más felices siendo amables llevando a cabo grandes acciones. No es así, en esta etapa los ideales a veces les impiden ver cuánto pueden hacer por las personas que pertenecen a círculos cercanos como la familia, el barrio o el colegio donde estudian. Explícale a tu hijo adolescente que estos tipos de acciones pueden parecer pequeñas, pero son las que tienen la particularidad de alegrar el día de una persona o dar un giro hacia el bienestar.

A esta edad los adolescentes ya pueden...

- Entrenarse en el uso de palabras benévolas para conectar o hacer sentir bien a los demás. Es importante que comprendan la diferencia entre actuar con falsedad y promover bienestar en los demás.
- Meditar potenciando la compasión y la amabilidad. Para ello, pídele a tu hijo que cierre los ojos y respire profundamente de tres a cinco veces, para que pueda relajar su cuerpo. A continuación, dile que imagine a una persona a quien quiera de verdad y que le diga palabras de aprecio. Después indícale que conecte con la sensación de bienestar que le proporciona esta práctica e imagine que se expande por su cuerpo... La meditación puede acabar con un pensamiento positivo que sea de su agrado.
- Recordar cada noche durante tres meses cinco actos amables antes de dormirse, y que imagine cinco actitudes amables consigo mismo que llevará a cabo esta semana.
- Leer historias cuyos personajes pueda empatizar o que le lleven a reflexionar y aporten un significado a su vida, conectándole con su propósito. Las historias de ficción o de mitología le permitirán reflexionar sobre la vida de los personajes, dándole una visión más amplia sobre sus acciones y las consecuencias de estas en relación a los demás.

- Escribir artículos periodísticos de carácter social para que aprendan a desarrollar reflexiones sobre la importancia del cuidado entre los seres humanos y vean que todos tenemos el deber de mejorar la comunidad en que vivimos.
- Ver cómo la amabilidad hacia uno mismo es una excelente vía para sanar las propias heridas y dar curación a otros.
- Hacer algún voluntariado con niños para ayudar a construir hogares para personas necesitadas, donde se sirvan comidas a personas sin hogar, o bien para colaborar en algún refugio que defienda los derechos de los animales, o bien actividades para el cuidado de las zonas en las que ha habido alguna catástrofe natural.
- Reconocer cómo marca la diferencia en su vida la amabilidad. Tanto por el bienestar que se experimenta (debido a una mayor cantidad de dopamina cada vez que se comporta amablemente, lo que se conoce como «éxtasis del colaborador»), así como un aumento de la autoconfianza y la autoestima, debido en parte a que las personas que reciben sus actos amables le devuelven una imagen más positiva de sí mismo.
- Conversar sobre grandes líderes y pensadores que promovieron la amabilidad y ser un modelo para niños más pequeños. Así que demuéstrale que confías en que sabrá poner en marcha sus recursos con frases como: «Simplemente sé fiel a ti mismo...».

«El respeto mutuo implica la discreción y la reserva hasta la ternura, y el cuidado de salvaguardar la mayor parte posible de libertad de aquellos con quienes se convive.»

HENRI-FRÉDÉRIC AMIEL

5. La danza del cuidado mutuo

Cae la tarde en la bahía de Monterrey. Un grupo de ballenas jorobadas protegen a una ballena gris durante seis horas y media del ataque de las orcas. Solo se oyen los sonidos estridentes de los fuertes coletazos. En otro lugar del planeta, en África Central, los elefantes salvajes dan señales sonoras para auxiliar al congénere que está herido. Después lo colocan entre dos elefantes adultos para mantenerlo en pie. Si, finalmente, el elefante herido desfallece, se acercará un tercer elefante que pondrá comida en su boca en un intento de reanimación.[29]

En la sabana del África Austral, las termitas que habitan en largas galerías subterráneas usan distintas frecuencias de comunicación vibratoria para avisar al grupo cuando están en peligro. Primero, las termitas soldado golpean de forma rítmica la cabeza contra el suelo al detectar la amenaza, usando diferentes frecuencias.[30] Rápidamente, las termitas obreras las perciben con los sensores que tienen sus patas y llevan a cabo una retirada inmediata. Casi de manera simultánea, las termitas soldado son reclutadas desde distintos lugares para que actúen como fuente de vibración, y entonces empiezan a tamborilear con sus cabezas a fin de que el sonido llegue a todas partes y de poder amplificar la intensidad de la señal. Todas saben qué hacer para activar la comunicación social, poner a salvo las larvas e ir en ayuda de la reina. La mayoría de los insectos altamente sociales ponen en marcha este tipo de «inteligencia de enjambre» y actúan como si se tomaran decisiones colectivas.

Ante este movimiento social planetario de la mayoría de las especies, ¿no tendríamos que aprender también los humanos a desarrollar nuestra propia «inteligencia enjambre»?

¿Qué importancia damos los humanos a la educación del cuidado mutuo?

¿Cómo preparar a las nuevas generaciones para que sepan que pueden contar con los demás y que ayudar es un modo de tomar buenas decisiones?

Los seres humanos vivimos en grupos sociales cada vez más grandes, en los que influimos y en los que a la vez somos influidos. La tecnología y la globalización han hecho que conectemos con más y más personas como si se tratara de una gran familia extensa, pero aún no hemos llegado a despertar el gran cerebro social ni hemos aprendido a desarrollar nuestra inteligencia social como si fuéramos una parte importante de la gran familia humana.

Probablemente, una de las causas sea el desajuste profundo entre las habilidades con las que educa la escuela actual a las nuevas generaciones y las aptitudes que necesitan para hacer frente a las nuevas realidades que les toca vivir. Se sigue creyendo que el viejo paradigma educativo, que considera que todas las respuestas están en el adulto, funciona si los alumnos se esfuerzan y estudian como hace doscientos años.

Hoy el nuevo paradigma a partir de los descubrimientos de las neurociencias, la psicología del desarrollo, la neuroética, la pedagogía, entre otras muchas, nos demuestra sin lugar a dudas que muchas de las respuestas sobre cómo educar en el siglo XXI las tienen los niños y los adolescentes. Ya hemos visto que están absolutamente preparados para darlas. Así que empecemos a inspirar lo que no puede faltar en el nuevo modo de comprender la educación, que es guiarlos para que puedan buscar, descubrir y conocer. Porque el nuevo paradigma no solo nos pide que los adultos desaprendamos para volver a aprender, sino que aprendamos de los niños y de los adolescentes para descubrir junto a ellos cómo educarlos mejor. Cuidar la educación es cuidarlos a ellos. Padres y profesores podemos sin duda escuchar y observar cómo aprenden, investigar qué saben y crear estrategias adecuadas a partir de sus propios talentos y cualidades innatas, para proporcionarles las mejores condiciones en relación con lo que ellos necesitan.

Cuanto más pongamos el foco en el cerebro social y en las emociones, más estaremos contribuyendo a que se desarrollen y aprendan. Despertando segundo a segundo sus capacidades innatas, teniendo en cuenta sus emociones y las emociones compartidas.

Enseñémosles a descubrir qué buscan y por qué, de modo que puedan recuperar la humildad y la percepción de que su ser está en conexión con algo que va más allá de ellos mismos, algo que es superior a ellos: el bien común. Así podrán darse cuenta de que la felicidad está en su interior, y que es ahí donde crece verdaderamente, no viene de fuera.

De este modo, cuando hayan conectado con su esencia, podrán crear una narración de su historia desde un lugar en que estén implicadas sus fortalezas. No será un relato construido exclusivamente por el reflejo de la familia y los maestros, ni de otros adultos, ni por la biografía paralela que ya muchos tienen en el mundo virtual desde su nacimiento, e incluso antes debido a una increíble cantidad de fotografías de su persona que han sido colgadas en las redes sin su permiso. Ni por la biografía que construyeron a partir de una educación que los obligó a dejar muchas habilidades y talentos sociales fuera de las aulas, mientras se les enseñaba a tener una mentalidad fija respecto de quienes eran... El modo en que van a autodefinirse será a partir de una nueva idea de sí mismos en relación con los demás y desde lo que son.

Ayudémosles a ello.

Para que empiecen a tener una educación tecnológica diferente de la que les quieren vender, que no implica que sepan cómo manejar la tecnología, sino desde qué lugar deciden pararse frente a ella.

La educación para la paz y la felicidad responsable no es posible sin sentirse integrado en un grupo, sin sentirse a salvo. No podemos dejar de lado que la educación para el nuevo paradigma necesita abrir definitivamente la puerta al pensamiento innovador fomentando la «mentalidad de crecimiento».[31] Seamos de una vez por todas modelos amables y válidos para el gran cambio social que requiere la educación.

El neurocientífico portugués Antonio Damasio, quien hace hincapié en que hay que enseñar a las nuevas generaciones a conectar más con sus sentimientos para cultivar de este modo lo mejor de la naturaleza humana, propone que los adultos inspiren a los jóvenes, a fin de que consigan más y más emociones constructivas. «Muchos problemas no los podemos solucionar solo usando la razón o el conocimiento, sino que debemos aplicar también los sentimientos», dice Damasio, director del Instituto del Cerebro y la Creatividad de la Universidad del Sur de California, e insiste: «Estamos tan centrados en las matemáticas, los números y la tecnología que nos hemos olvidado de lo que nos construye como seres humanos: los sentimientos».

Seamos conscientes de que las generaciones venideras convivirán con recursos promovidos por distintas formas de inteligencia artificial, tal vez para casi todo. Incluso es altamente probable que se muevan en un mundo mediante vehículos autónomos, y aun así es altamente probable que se seguirán sorprendiendo con nuevos logros de la técnica. Por lo tanto, no es coherente y mucho menos de justicia seguir educándolos con los parámetros de un sistema educativo agotado.

Ya no encaja en la sociedad del siglo XXI un perfil de trabajadores fuertes y sumisos para las fábricas. Y no es justo, por lo tanto, que eduquemos a nuestros hijos para ello, porque tampoco es lo que ahora necesita nuestra especie. Necesitamos pensar para qué estilo de sociedad deseamos prepararlos.

Centenares de estudios demuestran que una de las herramientas imprescindibles para mantener un alto nivel de adaptabilidad en los nuevos trabajos a los que aspirarán las nuevas generaciones es el manejo de las emociones, ocupando un lugar privilegiado para la empatía y aquellas emociones y sentimientos que activen comportamientos sociales positivos, como compartir o ayudar a otros, ponerse en los zapatos del otro para ayudarle a conseguir aquello que necesita, etc. Pero las investigaciones en neuroeducación y neuroética también van más allá, y demuestran que cuanto antes aprendan los niños a sentir empatía, más seguro será que se convertirán en buenas personas de adultos y que no harán uso de conductas antisociales. Si aprenden habilidades sociales y emocionales desde los tres años, tendrán más oportunidades de experimentar su creatividad emocional y social a la hora de resolver sus problemas.

Por lo tanto no se trata solo de fomentar cualidades necesarias para prosperar en el siglo XXI. Howard Gardner, neurocientífico, autor de la teoría de las inteligencias múltiples, afirma: «Una mala persona no llega nunca a ser buen profesional». Si queremos construir una sociedad mejor, fomentando la solidaridad, el cuidado y la compasión, en un mundo cambiante, empecemos por ser amables, por desarrollar estas habilidades y sentimientos, para unirnos a otros y colaborar juntos en el cuidado de nuestra colmena global. Empecemos a vernos como una gran familia extendida. Cuanto antes enseñemos a nuestros hijos a ser más amables y generosos, antes lograremos que se sientan importantes para los demás y que se perciban activos para crear un mundo cada vez más solidario y más compasivo, aun cuando los parámetros de convivencia varíen a una velocidad impredecible.

Imaginemos juntos un mundo mejor

Uno de los trabajos más interesantes que llevamos a cabo en las escuelas es integrar transversalmente la empatía en el currículum y comprobar sus rápidos resultados. Son muchos los materiales que utilizamos con niños pequeños y con adolescentes, pero lo que no deja de sorprendernos es que en poco tiempo no los necesitan. Se sienten libres de compartir qué es para ellos un mundo mejor y no sienten ninguna reticencia en decir en voz alta sus intenciones de felicidad para aquellos que ellos consideran que la necesitan. Investigan cómo colaborar y los predolescentes son perfectamente capaces de organizarse e ir de la fantasía a la intención, y de la intención a la acción y a la ejecución de proyectos en grupo.

Cuando en clase imaginamos cómo puede ser un mundo mejor, los niños y los adolescentes no sienten la presión de tener que decir algo que esté bien o mal, ni temen decir algo equivocado, no esperan obtener aprobación, solo imaginan, así que aceptan fácilmente sus fallos y se deleitan con sus descubrimientos, y con los de los demás.

Imaginar soluciones a problemas globales les permite trascender los prejuicios e ideas limitadoras. Les permite trascender el aula, el barrio e incluso la familia y sentirse parte de ese algo mayor que rige el movimiento de cuidado en nuestro planeta.

Hace unos años, se les pidió a los niños de seis a doce años que juntaran caramelos de los que arrojan los Reyes Magos desde sus carruajes, tal como es tradición en España, para entregárselos, junto con algunos regalos, a niños hospitalizados. A todos los niños se les dijo lo mismo: «Cuento con tu ayuda. ¿Me permitirás poner tu nombre en tu bolsa de caramelos?». Para nuestra sorpresa, casi todos los niños enviaron una bolsa de caramelos con su nombre y un juguete que habían comprado con sus ahorros. Algunos enviaron un juguete de los que habían recibido el año anterior y no habían usado, y unos pocos regalaron uno de los juguetes que los Reyes Magos les habían traído ese mismo año, y todos, absolutamente todos, cuando entregaban la bolsa lo hacían indicando dónde habían escrito su nombre.

Empoderar a los niños para que realicen cambios en su entorno y ayudarles a ser líderes sociales, desde pequeños, para que sean conscientes de que sus ideas pueden transformar el mundo produce un impacto tan positivo en su vida que acaban modificando su entorno.

Estas son las estrategias que integramos antes de llevar a cabo la experiencia de los caramelos.

1. *¿Qué siente él o ella? ¿Qué siento yo?*

   El primer paso consiste en que los más pequeños entiendan mediante narraciones y juegos qué sienten las personas de su entorno. A veces se trata de contar situaciones reales que les ocurren en el patio, y que tienen alguna incidencia en ellos. Conversar con los niños sobre sus puntos de vista y el de los demás les ayuda a observar una situación desde puntos de vista diferentes. A los niños también les gusta identificar lo que sienten y ver claramente qué situaciones los perjudican. Por ejemplo, hablamos del optimismo, de ver el lado bueno de la vida, pero haciendo hincapié en que no todo lo que parece bueno lo es.

2. *Imaginar*

   El segundo paso hace referencia a incentivar a los niños a imaginar soluciones para los problemas previamente identificados. En este paso, primero se hace un ejercicio en el que todos dan ideas, pero tendemos a aceptar la solución que beneficie a más personas durante más tiempo y que sirva para resolver el problema lo antes posible.

3. *Hacer un cambio*

   Aquí generalmente buscamos la ayuda de maestros y padres. Una vez que hemos decidido qué hacer, se lleva a cabo la idea. Alguna vez los niños han dado la idea, pero quienes han llevado a cabo la parte más complicada han sido los padres. Por ejemplo, los niños de cinco años de un colegio de las afueras de Madrid pensaron que con los productos que caducaran al día siguiente en los supermercados se podía hacer una comida de Navidad para las personas que no tenían donde ir ni donde pasar las fiestas en invierno. Así que ellos organizaron cómo recoger los alimentos con sus abuelos y los padres, los directivos y los docentes del colegio se encargaron de conseguir a alguien que cocinara para trescientas personas.

4. *Compartir la experiencia con otros niños*
   Aquí se trata de que los pequeños compartan sus historias de ayuda en sus comunidades o que dejen constancia de sus experiencias en una pizarra virtual o haciendo dibujos del «Movimiento por el cuidado mutuo» para inspirar a otros niños y a otros colegios.

Cómo enseñar a los hijos la importancia del cuidado mutuo

Probablemente, una de las actitudes más importantes como padres sea la de valorar los sentimientos de los hijos en lugar de la conducta, incluso cuando muestran emociones negativas. Si los adultos son capaces de reconocer cómo se sienten los niños, estos aprenderán a valorar la necesidad o el riesgo de quienes no son cuidados. Y a veces no es tan importante la edad. Es mucho lo que se puede lograr con un «Pareces triste (o enfadado, o molesto...). ¿Qué puedo hacer por ti?», o bien: «¿Te puedo ayudar?», porque en algún momento ellos nos preguntarán lo mismo a otros.

Inspirar el cuidado mutuo en niños de tres a cinco años

Los bebés de ocho a catorce meses de edad pueden dar señales de empatía y de cuidado. Ellos no solo pueden mostrar preocupación por la madre, el padre o un hermano si se ha herido, sino que actúan como si desearan hacer algo para aliviar su dolor. Permitir que ayuden, consuelen, sean compasivos o altruistas los hace más competentes emocional y socialmente.

Algunos estudios demuestran que los niños que aprenden a ofrecer cuidados son verdaderamente exitosos según demuestran varios estudios. Los niños necesitan sentir que ellos pueden hacer algo en una situación en que otros se sienten vulnerables. Ellos pueden asumir ciertos principios de solidaridad en el aula, como ayudar a los niños a los que les cuesta aprender bien. En algunos colegios con niños en situación de riesgo, cuidar de una mascota a la que hay que alimentar y llevarse a casa los fines de semana les ayuda a cambiar el modo en que enfocan sus relaciones sociales y despierta en ellos la compasión y el deseo de cuidar, siendo estos mismos sentimientos los que a medio plazo les ayudarán a tener conexiones más positivas con otros niños del colegio, independientemente de la edad.

1. **Conectar los sentimientos con las conductas.** Una vez que los niños comprenden qué sienten, pueden relacionar aquello que les pasa interiormente con el modo en que se están comportando. El objetivo es que vean que hay una causa entre lo que les pasa y cómo actúan. Estos aprendizajes funcionan mejor si son reforzados con cuentos, obras de teatro o fábulas, pues las narraciones les ayudan a entretejer aspectos de la empatía afectiva y cognitiva que luego despertarán y mostrarán con actos positivos frente a sus compañeros.

   Una de las estrategias más efectivas en este sentido es hablar con ellos sobre los pensamientos, sentimientos y comportamientos de los personajes, y seguidamente preguntarles: «¿Qué podría haber hecho este personajes para bien de todos?». Para los niños de esta edad, también es fundamental que puedan conectar los escenarios irreales con sus propias experiencias. Por ejemplo, si el personaje está triste porque extraña a sus padres, se puede relacionar ese sentimiento con un momento en que el niño también expresó tristeza por algo similar. Esto le ayuda a entender que hay una conexión entre los sentimientos y lo que le pasa.

2. **Construir un «clima» de cuidado para todos.** Esto implica dar a los niños oportunidades para que se sientan cuidados y reconocidos. «Fue muy amable de tu parte ayudar a tu compañero. Gracias (y di su nombre). ¡Apuesto a que lo recordarás siempre y querrás ayudarle de nuevo cuando lo necesite!»

Inspirar el cuidado mutuo en niños de entre seis
y nueve años

Muchas investigaciones han demostrado recientemente que
a partir los seis años los niños pueden sacar al filósofo interior
que llevan dentro. Matthew Lipman, filósofo y educador esta-
dounidense, creador de un programa educativo llamado *Philo-
sophy for children* que se desarrolló en la década de 1980, ha
sido uno de los impulsores de las ventajas de acercar la filosofía a los más pequeños para que aprendan a pensar en el bien
común.

Ya hemos visto que desde los seis años los niños realmente
disfrutan sintiéndose socialmente comprometidos, les encanta dedicar tiempo a pensar y debatir. Para Lipman, enseñarles
a pensar cómo construir un mundo mejor los convierte en ciudadanos socialmente activos, en líderes para el cambio.

En el ejercicio de reflexionar no se trata siempre de acer-
carlos a preguntas metafísicas, a veces basta con que se detengan a pensar sobre cómo actuar frente a otras personas a las
que perciben como diferentes, o por qué es necesario defender
los derechos de los niños, o qué pueden hacer ellos para defender los derechos de los animales, o por qué es importante
el cuidado del ecosistema.

Antes de abordar un tema complejo es una opción interesante iniciar conversaciones con el grupo sobre una película
que trate el tema. Por ejemplo, preguntándoles cómo se comportan ante personas a las que ven diferentes o en qué nos be-

neficia que todos seamos diferentes. Finalmente, resulta interesante que ellos mismos puedan valorar la propia capacidad para reflexionar sobre los estados de ánimo de otras personas y que expliquen cuáles son las razones y las acciones que fundamentan su idea, y si son capaces de entender las motivaciones de personas que no actúan como ellos.

Inspirar el cuidado mutuo en niños de entre diez y trece años

Enseñarles a encontrar soluciones creativas que fomenten el cuidado del grupo implica en primer lugar enseñarles a ser socialmente creativos. En esta etapa, de lo que se trata es de hacer que los niños piensen en las cosas que pueden mejorar para el bien de muchos, aunque ellos necesiten llevar a cabo actividades de una manera diferente. Por ejemplo, acompañar a niños pequeños de camino al colegio en invierno, que hay menos luz, incluso si para ello deben cambiar de ruta. Este tipo de acciones simples pero que benefician a otros les permiten descubrir nuevas capacidades en ellos. Entre las estrategias para activar el cuidado es importante:

- Permitir al niño que interaccione con proyectos globales en los que participen niños de su edad o proponer que el colegio lleve a cabo una lista de proyectos sociales a largo plazo, basados en el cuidado, en el que los niños puedan participar al menos durante un curso escolar.

- Ser activo en publicaciones y a través de comentarios que sirvan para crear proyectos de ayuda locales o que generen debate social y la participación de todos los agentes de una comunidad, desde su colegio.
- Favorecer su compromiso social con entidades de ayuda en su barrio.

Inspirar el cuidado mutuo en chicos de entre catorce
y dieciséis años

En esta etapa los jóvenes empiezan a formar parte de grupos a través de la tecnología, así que es un momento interesante para que aprendan a expandir la empatía del cuidado desde las redes sociales, dotándoles de un uso constructivo. Con facilidad se habla de que los teléfonos inteligentes expanden fácilmente comportamientos antisociales y la adicción, y esto es verdad, solo hay que escuchar cómo hablan de ellos la mayoría de los adultos cuando se pone el foco en la adolescencia. Tristan Harris, antiguo diseñador ético de Google, en su cruzada para advertir que el objetivo de las redes sociales y la tecnología es secuestrar la atención y nuestro tiempo, hace hincapié en que, objetivamente, están diseñadas para hacernos pensar que hemos tomado nosotros la decisión de estar en ellas.

En su forma idealizada, lo que se entiende por una comunidad en el mundo real ha significado tradicionalmente un espacio de seguridad, conexión y comunión, pero ¿realmente se cumplen estos objetivos en las comunidades virtuales?

Urge que una educación ética en las redes llegue a las aulas, así como enseñar modos de uso que acentúen el desarrollo de la felicidad responsable. De algún modo, quedarse en la estigmatización de la juventud ha permitido tener a mano una excusa perfecta para no hacer nada y aceptar pasivamente que hoy los jóvenes se socializan en dos mundos: el real y el virtual, y permitir que las redes sociales entren en los hogares como si nada.

¿Qué hacer para unir ambos mundos sin perder de vista el cambio de paradigma educativo?

Aumentar la cantidad de actos constructivos, y enseñarles a desarrollar no solo el pensamiento crítico, sino también a reflexionar con perspectiva, de modo que puedan implicarse más socialmente en el mundo real.

Si los jóvenes (y obviamente también los adultos) no pueden imaginar la vida sin un teléfono inteligente, por qué no empezar ahora a indagar cómo usar las redes sociales de manera saludable. Esto es: unirse con el objetivo de encontrar nuevas formas de paliar aquellos problemas que atañen a muchos. Este es un modo interesante en el que los jóvenes pueden ser constructores de paz, cuando descubren los efectos positivos de la ayuda activando la cooperación y el altruismo, incluso formando parte de una red para practicar intercambios éticos de ayuda social.

Algunos estudios sobre cómo hacer de las redes un encuentro constructivo demostraron que los adolescentes no solo aceptaban cambiar el foco, es decir pensar en las redes sociales para el cuidado de muchos, sino que proponían ser partícipes activos para el cambio, con lo cual se crearon algunas redes sociales en las aulas con pautas definidas:

- En grupos formados siempre habría un docente que relacionaría los contenidos de ayuda con la asignatura y que también ayudaría a guiar las propuestas a fin de proporcionar respuestas efectivas.
- Fomentar la búsqueda de información y permitir el trabajo en equipo.
- Ayudarles a encontrar una ética común participando y creando redes sociales específicas como puntos de encuentro para acciones constructivas que promuevan acciones, destacando las fortalezas sociales de sus participantes en el mundo real, a fin de visibilizarlas y recordarles la importancia de aferrarse a las propias fortalezas tanto en el mundo real como en el virtual, independientemente de cuál sea la situación.
- Ejercitarse en que cada uno, desde su espacio, potencie para bien del grupo la asertividad, la amabilidad y el agradecimiento, y promueva soluciones participativas.

«Hasta el más pequeño de los felinos es una obra de arte.»

LEONARDO DA VINCI

6. Aquí y ahora en la casa grande

Cuando rememoro mi infancia, a menudo me viene a la mente el placer de caminar descalza sobre la hierba mojada después de una torrencial lluvia de verano. Otras veces recupero la maravillosa sensación de hundir los pies descalzos en la espesa capa de tierra recién regada de la calle ancha frente la casa de mis padres. Resulta increíble la nitidez con que podemos revivir las experiencias sensoriales que impregnaron nuestros primeros años. Y más aún cuando descubrimos que, con el paso del tiempo, gran parte de esas sensaciones están ahí, discretas e intactas, guardadas en algún lugar de nuestro interior, y que podemos echar mano de ellas para dar forma a nuestras ilusiones, a nuestros sueños, a nuestra intuición... Imágenes que como pompas de jabón se superponen, aparecen o desaparecen en un abrir y cerrar de ojos cuando permanecemos en estado de conexión con nuestro interior y con nuestra creatividad...

¿Con qué fin hemos dejado en los últimos quince o veinte años de inspirar a los niños el amor y el contacto que realmente necesitan con la naturaleza? ¿En qué momento hemos aceptado que para ellos cuidar y disfrutar del mundo natural, de «la casa grande», era menos importante para su desarrollo que otras necesidades como el estudio o los amigos?

A ellos les interesa todo cuanto hay a su alrededor y les encanta descubrir el hogar que comparten con animales y plantas. Y no hay ninguna razón válida que nos permita seguir frenando la tendencia biológica e instintiva que los empuja a establecer vínculos con todo cuanto les rodea.

Los niños no son más felices viendo en una pantalla un pequeño ser vivo haciendo cosas sorprendentes, tampoco por acceder a un lugar recóndito del planeta con solo un clic. Son felices cuando pueden observar sin límites de tiempo, tocar plantas, animales, piedras y ramas, y sentirse conectados con lo que hay delante de sus ojos, o cuando hacen sus propios descubrimientos en la diversidad infinita, descubren colores increíbles o experimentan la sensación de atemporalidad que da el caminar por un sendero arbolado en la montaña.

Y lo demuestran siendo increíblemente ágiles y atrevidos cuando intentan trepar a los árboles y tocar nuevas texturas. Así y todo, seguimos educándolos como si la naturaleza fuera algo aparte de sus obligaciones, de la sociedad, de la historia, de la economía, de la filosofía, incluso de aquello que les hace apreciar la vida.

Los niños necesitan mirar y descubrir, en cada río, en cada árbol, en cada trozo de tierra que habitan o en una pequeña maceta del balcón, que cada ser vivo tiene un modo de ser y estar, de comportarse, con sus propias estrategias de defensa,

y que cada ser nos proporciona de algún modo enseñanzas...
¿O no es admirable la paciencia de una araña tejiendo su tela,
la prudencia de una tortuga y el trabajo en equipo de las hormigas?

Y los niños tienen que descubrirlo por sí mismos.

La mayoría de los niños de hoy hablan de la naturaleza que
ven más de la que tocan o huelen. ¿Cuántos niños disfrutan
de una lombriz de tierra caminando por su mano...? Hablan
incluso de lo que oyen en las noticias sobre la naturaleza,
que casi siempre son cosas negativas, por ejemplo, la destrucción de la selva, de forma que casi siempre todo lo que escuchan en relación a la naturaleza está asociado a un mensaje
negativo...

Los niños necesitan saber más de «la casa grande» que
ellos también habitan. Imaginad, por ejemplo, que a un grupo
de niños de once o doce años, en lugar de hablarles de defo-
restación de las grandes superficies de la selva, se les cuenta,
por ejemplo, que los científicos han descubierto hace aproximadamente una década que los árboles se comunican entre
ellos. Imaginad que se les cuenta que parte de la información
la usan para avisarse de que deben protegerse de una plaga. Sí,
los árboles se comunican,[32] y lo hacen desde sus raíces, mediante un tipo de hongo que crece alrededor de estas, denomi-
nado micorriza, que también les ayuda a distinguir cuáles son
sus parientes directos y cuáles no.

Amar la naturaleza

Cuanto más conectados estamos con la naturaleza, mejor nos sentimos. Esto es indudable. Los niños sienten una inclinación instintiva hacia la naturaleza, y por ello necesitan oportunidades para aprender a crecer con ella.

Por fortuna, en los colegios se ha empezado a comprender que es muy positivo dar espacio a los niños para el desarrollo de la inteligencia naturalista. Para mantener una convivencia armónica con los seres vivos se necesitan cada vez más educadores conectados con la naturaleza que permitan experiencias de aprendizaje de cualquier asignatura en el entorno natural, adecuando los estímulos de este al tipo de aprendizaje y a la etapa del desarrollo de los niños.

El psicólogo de la Universidad de Harvard Howard Gardner afirma que la autoeducación al aire libre produce «conocimiento conectado», es decir, los niños tienen la posibilidad de aventurarse y realizar sus propios hallazgos sin intermediarios, desarrollando propósitos comunes en ambientes informales.

Marc Berman, psicólogo de la Universidad de Michigan, señala que estar rodeado de naturaleza, incluso verla a través de la ventana, tiene un efecto inmediato positivo sobre el cerebro. Asimismo, hace hincapié en que las tareas de autorregulación y las tareas de funcionamiento ejecutivo del cerebro interactúan entre sí, lo que sugiere que comparten recursos, y que para activar estos recursos compartidos es fundamental una intervención ambiental natural, a fin de mejorar su rendimiento.[33] ¿Se necesitan más motivos?

Verdaderos baños de bienestar

Siempre expongo mi primera experiencia docente y cómo comprobé que la interacción con la naturaleza se convirtió en la principal fuente de bienestar para esos niños que en algún momento habían experimentado riesgo social, y hoy sabemos que el beneficio se puede extender a todos los niños, independientemente de que su historia haya sido complicada.

Pasar un día entero al aire libre o simplemente yendo a lugares que resulten especiales para ellos durante períodos de tiempo breve les ayuda a descubrir por sí mismos que pueden sentirse seguros en diferentes contextos. Les ayuda a desarrollar su propio sentimiento de seguridad estando a la intemperie, que es muy diferente de la sensación de seguridad que pueden experimentar en las aulas o entre las paredes su casa.

Sentir el placer de los espacios naturales implica disfrutar de la armonía, del placer por lo que ven, lo que oyen, tocan y huelen, lo que les ayuda a disminuir el estrés negativo.[34] Recientes investigaciones científicas demuestran una interesante relación entre la naturaleza y la actividad de la corteza parietal, área del cerebro relacionada con la conciencia de uno mismo, la conexión con los demás y el proceso de la atención. Para Marc Potenza, doctor en psiquiatría y profesor del Child Study Center de la Universidad de Yale, considera que cuando se logra un sentimiento de unidad en la naturaleza, este puede ser tan potente que podría considerarse como una experiencia espiritual que se extiende a todos los ámbitos de nuestra vida.

De la conexión con los seres vivos a la inteligencia intuitiva

La curiosidad y el deseo de descubrir nace del contacto directo que niños y niñas tienen con el entorno. A través del tacto, el olfato, la vista, el movimiento y el equilibrio, se favorecen las redes y las conexiones neuronales y ello propicia la óptima maduración biológica, despertando las ganas de aprender (aunque «aprender» sea la función primordial del cerebro), explorar, descubrir, facilitando el desarrollo motriz y activando la imaginación a través del juego. El movimiento corporal coordinado y la alegría de encontrar un mundo desconocido, con ayuda de los sentidos, activa el placer de relacionarse con la naturaleza, sea con un árbol, el agua de un río, o un animal...

La experiencia de libertad trae consigo nuevas sensaciones, desafíos y encuentros, y sus huellas imborrables... Y es que, más allá de desear que niños y adolescentes desarrollen un mayor sentido ecológico y de respeto por el entorno, lo cierto es que es un gran motor de creatividad porque activa la inteligencia intuitiva. Este es quizás el aspecto menos tenido en cuenta, pero es uno de los más interesantes. La capacidad de decidir rápidamente qué hacer o qué camino tomar es fundamental si queremos estimular la creatividad en los jóvenes.

Cuando se dice que en todo niño hay un artista, y escuchamos a padres que se muestran orgullosos al describir cómo su pequeño genio pasa la tarde dibujando rodeado de papeles y crayones rotos increíblemente concentrado en su obra, pocas veces piensan en la relación que hay entre la creatividad, el contacto con el mundo natural y una potente intuición. Ejemplo de ello es la infancia de Leonardo Da Vinci, que estuvo impregnada de formas y colores, de plantas y animales de la campiña toscana propia de los Apeninos. Ello fue lo que le permitió poner en marcha (entre otras muchas facultades increíbles) la intuición, que a lo largo de su fascinante vida le llevó a probar nuevas ideas y a intentarlo una y otra vez cuando no obtenía los resultados esperados, siempre con un gran nivel de motivación y perseverancia. De hecho, ¡estuvo veinte años estudiando el vuelo del pájaro para al final darse cuenta de que el hombre no genera la suficiente fuerza motriz como para batir las alas en vuelo! Aún así, el genio no se apagó, y siguió inspirándose en muy diversos elementos de la naturaleza para crear algunas de sus obras y bocetos más revolucionarios de la época, como una máquina para volar que despegaba en vertical, el helicóptero, o el submarino. Probablemente, su espíritu de artista y un cerebro maravillosamente integrado le permitieron seguir una y otra vez a pesar de haber vivido una vida de fracasos.

Algunas biografías fidedignas consideran que posiblemente tenía dislexia, incluso que era bipolar y que mostraba déficit de atención, sin embargo pudo mostrar sus ideas... Algo que probablemente le resultaría difícil a un niño como él en nuestra época. Lo más seguro es que lo hubieran medicado... Sin embargo, Da Vinci echó mano de sus talentos, su intuición, y su capacidad para probar sus ideas una y otra vez porque se sintió libre en un entorno natural desde muy pequeño. Él tuvo la posibilidad de detenerse a observar el comportamiento y las formas de sobrevivir de animales y plantas. Pudo comprobar las relaciones causa-efecto en la naturaleza, y observar cada elemento natural que se cruzaba en su camino. Todo despertaba su interés, como les ocurre a la mayoría de los niños. Era tan importante observar un río como la diminuta hoja de un árbol o el grácil y sorprendente vuelo de un ave. El contacto con la naturaleza le permitió en muchos casos sacar sus propias conclusiones, e ir del «¿qué?», al «¿cómo?» y al «¿cuándo?» o al «¿dónde?» con increíble facilidad, enfocándose más y más en la experiencia presente. Desde una edad muy temprana cultivó el espíritu científico que solo proporciona el mundo natural y también su indiscutible genialidad, junto con el amor y el respeto por el mundo por todo ser vivo, porque «estar» en la naturaleza es estar en el presente, en el aquí y ahora, y por lo tanto es también una forma de meditación.

Inspirar a los niños para que desarrollen un estilo de aprendizaje intuitivo en un entorno natural e interactúen con él potencia su sentido creativo y artístico. El arte y la genialidad propia es también a menudo impulsada por la intuición.

Las experiencias intuitivas que provienen del contacto con la naturaleza constituyen un elemento importante en el desarrollo de la imaginación. Primero es la intuición la que marca una decisión rápida e inconsciente del «debo ir por aquí». Después le sigue una emoción que es un estímulo intelectual, una base cognitiva, y ahí empieza el proceso de creación.

Hoy en día, en los colegios, pocas veces se tiene en cuenta el potencial de las experiencias sensoriales en un entorno natural para desarrollar la inteligencia intuitiva.

Algunos estudios han demostrado que los niños en sus juegos suelen utilizar razonamientos científicos, y que en ocasiones estos razonamientos parten de una experiencia intuitiva previa. Para comprobarlo, les dieron cajas de música para que las activaran sin decirles cómo hacerlo. Los niños tuvieron la misma libertad que Leonardo en su infancia para decidir qué hacer, y solo contaban con la intuición para descubrir las relaciones causa-efecto, y sacar sus propias conclusiones. Estos niños hicieron ensayos, del mismo modo que lo hizo la humanidad durante millones de años para averiguar qué hay detrás de lo que nos rodea sin seguir ningún método. El estudio en cuestión encendió todas las alarmas sobre cómo el sistema de enseñanza tradicional frena la intuición y la creatividad, porque lo cierto es que todos los niños de las cajas de música lograron el objetivo.

Por más clases fuera que dentro del aula

Para los niños, la naturaleza, «la casa grande», no es solo un marco que aporta belleza, tal como a menudo lo ven los adultos, es una fuente de estímulos y un territorio por descubrir, insustituible, que impacta en su imaginación y sus emociones.

Sería ideal que, por lo menos hasta los nueve años, los niños pudieran hacer clases fuera de las aulas y ver, por ejemplo, cómo se desplaza un caracol, cómo guarda sus cuernos, qué hace en ambientes húmedos, cómo saca su cabeza o bebe el agua de una hoja cuando se la ponen cerca... Como habitante de «la casa grande», cada niño tiene derecho a decidir qué quiere descubrir: cómo desea hacerlo, cuál será su propia carta de navegación y, si se equivoca, puede cambiar la dirección de la ruta, porque esto es lo que le permitirá conocer su nave, para cuando lleguen vientos poco favorables...

¿Por qué es imprescindible impartir algunas clases fuera de las aulas?

Muchas investigaciones demuestran que no solo es necesario programar clases de literatura o pintura fuera del colegio, sino que también es increíblemente beneficioso para los estudiantes elegir estos entornos educativos para el aprendizaje de las matemáticas, pues les ayuda a estar más atentos y enfocados en las tareas prácticas una vez que regresan a las aulas. Es probable que los colegios aún tarden en reconocer estas ideas como auténticamente válidas, pero no hay que perder las esperanzas, porque también hasta no hace mucho se pensaba que el juego al aire libre era una actividad secundaria y ahora se sabe que es esencial para el aprendizaje y el desarrollo.

Algunos colegios entienden las clases al aire libre como nuevos estilos para aprender, otros afirman que los estudiantes, cuando hacen las clases fuera de las aulas, retienen más las lecciones de biología y matemáticas y luego están más atentos en clase cuando hacen trabajos de lengua y de estudios sociales. Esto demuestra que las lecciones al aire libre no perjudican la atención de los estudiantes, al contrario, parece que las escuelas con un entorno más verde y más clases al aire libre favorecen en los alumnos su interés por el aprendizaje, lo que se refleja en una mejora en los resultados académicos.

Algunos docentes, que no optan por hacer clase fuera del colegio, han puesto en práctica otros recursos que les dan buenos resultados: permitir que los alumnos dediquen un tiempo a mirar alguna zona natural por una ventana. Algunos colegios han comprobado que los alumnos se muestran más atentos y que su memoria de trabajo se ve favorecida cuando realizan una caminata de unos veinte minutos por algún parque cercano. Ello promueve un estado de fascinación y bienestar suave que les permite descansar la mente y potenciar la capacidad de asombro, la motivación y la participación en clase.

Lo más sorprendente de hacer las clases al aire libre es que los docentes han comprobado que los alumnos se muestran más atentos fuera que cuando están en el aula. Por ejemplo, un grupo de profesores observó que cuando las clases de biología eran al aire libre, no solo se mostraban más atentos sino que parecía que estaban más interesados en lograr interacciones positivas en el grupo, probablemente porque en contacto con la naturaleza se reducen los niveles de estrés negativo. El objetivo de muchos colegios que optan por enseñar en un entorno natural es mantener durante más tiempo el entusiasmo y la participación.

¿Es hora pues de pensar seriamente en un movimiento educativo que impulse las clases al aire libre? Sin duda, ya que diferentes investigadores coinciden en que las clases al aire libre, como el arte o la música, permiten liberar tensiones, persistir en el intento de alcanzar el éxito en sus propósitos y que puedan percibirse más conectados.

El doctor en psicología David Strayer, de la Universidad de Utah, asegura que la ciencia está evidenciando los cambios que se dan en el cerebro y en el cuerpo cuando interactuamos con la naturaleza. Un asunto especialmente serio si se tiene en cuenta que, a menudo, en las aulas se deja de lado que el bienestar que consiguen los niños pequeños no es transitorio: los niños se sienten más vivos y vitales y son más felices cuando están al aire libre. El doctor Gregory Bratman, de la Universidad de Stanford, ha encontrado evidencias de que la naturaleza afecta nuestro estado de ánimo porque un simple paseo cambia la forma en la que funciona nuestro cerebro, amplificando las emociones más positivas, y mejorando las tareas de memoria.

Padres y docentes eco-conectados

Para transmitir conexión con el espacio natural no es necesario realizar largos viajes o buscar sitios complicados. Cualquier espacio verde proporciona beneficios a los niños. A veces solo se trata se sentarse bajo un frondoso árbol en un lugar tranquilo o en un sitio sin ruido donde sea vea el cielo... Porque no hay una única forma de hacer que los niños conecten con la naturaleza. Mi padre, cada vez que recolectaba frutos, me llamaba para que mirase sus colores y terminaba: «¿Has visto que son irrepetibles?». Debo confesar que medio siglo después aún conservo la costumbre de detenerme a mirar los colores de la fruta recién recolectada. Hoy sé que la conexión positiva con la naturaleza depende de pequeñas experiencias cotidianas que las personas especiales convierten en experiencias emocionales, y cuando ello forma parte de un estilo de vida, de una agenda diaria, los niños aprenden a estar conectados con el presente, en el aquí y ahora. Así que si solo se necesitan pequeñas experiencias cotidianas para lograr un cambio cultural profundo, del que las escuelas también participen, no hay tiempo que perder.

¿Cómo diseñar un plan efectivo para que los niños puedan reconectarse con la naturaleza, implicando a todos los agentes, incluidos aquellos que planifican el diseño de una ciudad? La respuesta es: favoreciendo que diariamente tengan contacto con el mundo natural. Esto es tan importante como acudir a la cita con el dentista o ir a comprar alimentos. Y debemos permitirles que conecten con libertad, dejándolos jugar, no importa la edad que tengan. Jugar en un entorno natural es increíblemente saludable, no solo porque en él pueden practicar el autocontrol y desarrollar mejor la función ejecutiva, sino porque al conocer sus emociones y manejar sus sentimientos aprenden a conocer y a valorar su mundo interior y su conexión con algo mucho mayor.

Entre los tres y los cinco años

A esta edad el contacto con espacios naturales exige una topografía suave, permitiendo que se detengan a observar, a tocar, a oler y donde puedan trepar, rodar por pendientes suaves, caerse sin peligro o dar volteretas. Ayudarles a sentir amor y empatía, y a desarrollar un vínculo afectivo y psicológico con la naturaleza, es el primer paso para que luego sientan interés por aprender y experimentar.

¿Qué pueden hacer padres y docentes para ayudarles a que aprendan a disfrutar de la naturaleza?

- Animarles a crear refugios utilizando hojas, ramas secas, piedras, frutos que caen de los árboles como bellotas, trozos de troncos ahuecados y secos... O proponerles «el juego del espejo», que consiste en poner un elemento sobre una piedra y el niño debe poner el mismo elemento sobre otra. O bien, «el juego de simetría», que consiste en dividir con una rama el espacio de uno y de otro. Entonces comienza un niño poniendo cinco elementos, y el otro debe poner los mismos en la misma posición. Se juega tres veces y se suman los puntos de los elementos simétricos.

- Jugar a descubrimiento de formas y colores irrepetibles, y luego a construir con bloques, combinando ambos aspectos.

- Tener su propio minihuerto o su maceta personal, de un tamaño que les permita remover la tierra con las manos. El niño ha de poder elegir qué desea plantar, debe organizarse para cuidar y alimentar la tierra, para cuidar del nuevo ser y verlo crecer... A los niños de esta edad les encanta ver cómo germinan las semillas entre dos algodones, humedeciéndolas con regularidad. Cuando hayan brotado, hay que dejarles que sean ellos quienes decidan cómo trasplantarlas a una maceta.

- Hacer lo posible para que se relacionen empáticamente con los animales, caracoles, animales, mariposas...

- Compartir paseos divertidos para conocer un poco más las áreas verdes de su barrio.

- Jugar con ellos al «sé qué es», que consiste en colocar varios elementos en un bolsa de tela donde hay que meter la mano y decir qué es solo con tocarlo. A veces el juego puede empezar explorando una zona con los ojos cerrados. Por ejemplo, llegar a un árbol y hacer que lo toque, note su textura, oiga los cantos de las aves que viven en su copa y respire a fondo los olores frescos...

- Jugar a las huellas en la playa o en el barro, de pie, de manos, con moldes de huellas de animales que pueden fabricarse en casa con cartón. A los niños les encanta reconocer las huellas de animales y jugar a que las grandes atrapan a las más pequeñas e inventar historias.
- Hacer sellos, pintar con ramas o bien con hojas de árboles caídas.

Entre los cinco y los siete años

Los niños necesitan dedicar tiempo al desarrollo de los sentidos. En cada etapa, esta necesidad se manifiesta de maneras diferentes cuando se trata de relacionarse con la naturaleza.

- Se pueden organizar carreras de barquitos de cáscara de nuez o de corcho con amigos, o llevarlos el día de la salida al mar o al río.
- Jugar al tres en raya con piedras y dejar que los niños inventen sus propios juegos de mesa tras un día de camping.
- Hacer cosas simples como respirar profundamente, disfrutar del oxígeno que penetra en los pulmones, cantar a los

árboles, observar el fuego, beber agua de un arroyo que cae de la montaña; siempre con el control de un adulto.

- Hacer títeres con elementos naturales a los que se les añade distintas texturas de papel, telas, lanas, algodón, confeccionar el propio teatro de títeres e inventar historias.
- Crear espacios naturales para juegos compartidos, como rincones en la terraza o el jardín, donde se respeten las normas de cuidado.
- Hacer almohadas para dormir mejor. Es una excelente oportunidad para desarrollar la sensibilidad olfativa. Pueden juntar hierbas aromáticas o alimenticias para poner en diferentes lugares de la casa, en cojines, en la cocina, en el baño..., siempre con la guía de un adulto.
- Compartir juegos con mascotas, como por ejemplo hacer volar una cometa y correr juntos.
- Hacer del agua un aprendizaje excitante, como es el descubrimiento sensorial de la lluvia.

De los ocho a los diez años

El doctor Stephen R. Kellert, profesor emérito de Social Ecology e investigador de Estudios Ambientales de la Universidad de Yale, no solo hace hincapié en que los sistemas naturales y humanos están conectados, de manera que calidad de vida y sistemas naturales están estrechamente relacionados, sino que para él los valores ecológicos y humanos se transmiten a través del paisaje. Kellert insiste en que la sociedad se ha alejado tanto de sus orígenes que es incapaz de reconocer que su madurez intelectual y psicológica depende de una apropiada experiencia con la naturaleza.

Entre los ocho y diez años los niños necesitan valorar y renovar la percepción que tienen de la naturaleza. Muchos de ellos en esta etapa ya llevan tiempo con una carencia de contacto con entornos naturales y han empezado a percibirse como individuos separados del mundo natural. ¿Cuál es la consecuencia de esta percepción en etapas tan tempranas? Entender lo natural como algo que puede ser utilizado y dominado, en lugar de amado, respetado y preservado. Evidentemente, a estas edades no son indiferentes a la naturaleza, pero si han aprendido a sentirse separados de ella, también desarrollan emociones como el miedo o el disgusto cuando están en espacios naturales, lejos de las cosas materiales que conforman su mundo.

Padres y docentes que educan a niños en esta etapa, y que no han integrado la naturaleza en sus vidas, necesitarán hacer grandes esfuerzos para hacerles entender que habitamos la misma casa que las plantas y los animales, y que ellos son nuestra familia evolutiva. Esta es una buena ocasión también para que aprendan a pensar como especie, potenciando la ética del cuidado. A continuación enumeramos algunas cosas que pueden hacer los niños de esta edad para estar en contacto con la naturaleza:

- Correr entre árboles y entre raíces, sin dañar los árboles; ser guía de niños más pequeños para que aprendan el poder del cuidado.
- Promover el debate ante problemas ambientales y buscar microsoluciones que empiecen cerca de la zona de residencia.
- Formar equipos y crear recursos para evitar la «extinción de la experiencia natural» en su colegio, a fin de combatir la indiferencia hacia los problemas ambientales y el malestar psicológico.
- Salir al bosque para buscar caras, expresiones de rostros, formas geométricas, letras y números... Para pintar en un lienzo, para escribir un relato...
- Relajarse en un medio natural para que descubran la importancia de la interioridad y perciban que pueden mejorar intencionalmente algunos aspectos, como agudizar la capacidad de observación, reconocer el estado de paz interior, reforzar los sentimientos positivos hacia otras personas, etcétera.
- Debatir sobre temas que les afecten directamente y que estén relacionados con la naturaleza. Por ejemplo, hablar sobre por qué los niños del medio rural obtienen mejores resultados en los test que miden la capacidad de concentración y la autodisciplina o por qué destacan en la coordinación física, el equilibrio y la agilidad.
- Enseñarles a respetar a los insectos que encuentren en el jardín o la montaña. Enseñarles a fabricar nidos o a instalar casitas para que las habiten los pájaros.

- Enseñarles a amar lo simple, a meditar en la naturaleza, a amar «lo que es»: el árbol solo puede comportarse como árbol porque es eso, pero cada árbol tiene su historia, su modo de crecer, tiene la necesidad de un ambiente determinado para desarrollarse según como es «su diseño biológico». A estas edades les apasiona reconocer a qué árbol pertenecen algunas hojas según su contorno o su textura...

Entre los doce y los quince años

Ya es posible observar el fenómeno del cuidado del planeta en ramas como la filosofía o la política. A esta edad pueden empezar a plantearse qué les gustaría hacer para mejorar su entorno, de modo que podrán comprobar la eficacia de sus acciones. A continuación damos algunas ideas:

1. Proponer en su colegio el estudio de la naturaleza de modo transversal, esto es, adecuándolo a las distintas asignaturas, para aprender poemas o estadísiticas sobre las migraciones primaverales, o cómo afecta al cuerpo la ecología invernal o el cambio climático, el petróleo o la geología.
2. Encontrar en el entorno posibilidades de conectar experiencias con los conocimientos aprendidos en las aulas.
3. Elaborar proyectos que les permitan profundizar en temas que duren un año, como una investigación sobre cuáles son los pájaros que habitan en su entorno, qué comen, cómo se refugian, cuándo migran, por qué y a dónde van.

4. Organizar rutas en bicicleta o a caballo para conocer diferentes espacios naturales de la zona en la que viven y a las que deseen volver para realizar actividades grupales y socializadoras con otros colegios o con otros barrios (por ejemplo, para practicar tiro al arco, tiro de jabalina o carreras de obstáculos).

5. Presentarse a concursos literarios, de fotografía, de pintura o de diseño en 3D donde dejen plasmada su visión personal de cómo la conexión con la naturaleza puede determinar el estado interior de la mayoría de las personas.

«Cualquiera que acepte pasivamente el mal está igual de implicado en él como quien ayuda a perpetrarlo. Quien acepta el mal sin protestar en su contra, en realidad está cooperando con él.»

MARTIN LUTHER KING

Epílogo

¿Y si para avanzar hubiera que educar en sentido contrario?

(... O por qué ir en contradirección no siempre es tan malo)

El psicólogo John Caccioppo,[35] investigador en el Centro Cognitivo de Neurociencia Social de la Universidad de Chicago, ha demostrado lo importante que es para los individuos la vida en grupo, sean estos manadas o enjambres, con el fin de ayudar a sus miembros a sobrevivir y a reproducirse. «Las especies sociales por definición –dice– forman estructuras que se extienden más allá del individuo».

A medida que la neurociencia social ha profundizado en la necesidad de satisfacer el instinto gregario de los animales sociales, se ha evidenciado «que el sistema nervioso no puede considerarse como una entidad aislada». De modo que es necesario «tener en cuenta la influencia del entorno social en el que viven muchas especies».[36] Algo de gran relevancia, porque si a los animales «no se les permite estar con sus congéneres –señala John Caccioppo– muestran efectos perjudiciales que afectan no solo la función cognitiva, [sino también] la conductual, neuronal, autonómica, hormonal e inmune, del mismo modo ocurre en los seres humanos, cuyas alteraciones son similares si se perciben socialmente aislados».

¿Cómo es posible que teniendo un sistema nervioso preparado para interactuar con los demás y un cerebro diseñado para desarrollar capacidades y habilidades que permiten conexiones sociales constructivas, niños y adolescentes se perciban cada vez más solos y separados de sus iguales?

¿Qué ocurre hoy en nuestra sociedad para que fenómenos como el *bullying* sigan mostrando cómo entre los jóvenes hay cada vez más brechas invisibles de desconfianza, que rasgan sus vínculos y anulan lentamente la facilidad con la que hasta no hace mucho hacían amigos?

Haber escuchado historias de *bullying* durante los últimos veinticinco años, casi siempre narradas en primera persona por jóvenes que habían estado inmersos en un proceso de maltrato, la mayoría de ellas increíblemente dolorosas, me ha permitido comprobar que hoy el *bullying* no es igual que hace una década, y que dicho cambio tiene que ver con un dolor social que afecta al grupo.

De hecho, el *bullying* hoy no es únicamente el resultado de un conflicto que se agravó por haberse mantenido en el tiempo sin una resolución efectiva. Tampoco es solo consecuencia de un ejercicio de poder de un matón. Hoy también se gesta como consecuencia de un mecanismo de liberación ante el control social al que los jóvenes están siendo expuestos y cuyo resultado es la ruptura de los vínculos. Como si en el ejercicio de control a otros, los acosadores pudieran aliviar el dolor de tener que estar siempre visibles, siempre controlados y en el punto de mira; son jóvenes que encuentran en el *bullying* una salida.

La mayoría de los chicos y chicas que me narraban sus historias, porque habían sido víctimas de acoso o porque lo habían visto, tenían la sensación de que en muy poco tiempo estaban increíblemente solos, sin poder confiar en nadie. ¿Qué había cambiado? ¿Qué estaba pasando para que, en un abrir y cerrar de ojos, no pudieran contar con nadie?

Obviamente no se apunta aquí al auge del *ciberbullying*, que ha crecido de manera abrumadora y campea a sus anchas en las redes como método infalible de destrucción. Lo que ha cambiado en los últimos quince años, junto con la explosión del fenómeno digital (impensable hace tres décadas), ha sido la forma en que los seres humanos nos entendemos a nosotros mismos y el modo en que nos conectamos con los demás, algo que perjudica aún más a las nuevas generaciones.

Y es que si bien en apariencia estas nuevas maneras muestran una gran adaptabilidad para encajar en un modo de ser humano hiperconectado (multitarea, que se define por el «solo si me muestro existo»), lo que pocas veces se ve es que en este «nuevo modelo de ser» hay, al mismo tiempo, una gran presión producida por la obligatoriedad de tener que exponerse y aceptar el juego de ser controlados.

El inesperado avance de lo digital y la urgente adaptación a lo nuevo llevan, de un modo terriblemente veloz, a niños y adolescentes a un estado de desconexión interior que acaba afectando la conexión con sus congéneres. Y esto es algo que no podrán resolver por sí solos si no hay detrás una educación que les enseñe cómo lograrlo.

Como si se tratara de un antes y un después, la era digital y sus mecanismos de control han convertido el *bullying* en una peligrosa arma con la que controlar a los demás aunque les permite, ilusoriamente, sentirse menos controlados.

Esta es la manera en que el fenómeno digital ha trazado una línea divisoria entre el *bullying* de antes y el de ahora. Y lo cierto es que no se trata de matices sutiles. Las diferencias son muy marcadas, y con consecuencias personales terribles, como enfermedades psicosociales o autoinmunes por efecto del trauma producido, y depresión, lo que ha aumentado proporcionalmente el número de los suicidios.

Para poner fin al *bullying* como respuesta normalizada, enmarcada en una gran falta de conexión de un ser humano con otro ser humano que hoy no saben cómo funcionar desprovistos de la tecnología, se requiere un urgente cambio educativo. Porque lo cierto es que, por sí solas, las nuevas generaciones ni siquiera intuyen que sin conexión exclusivamente humana, sin un «otro» con el que sea posible descubrir quiénes somos naturalmente, resulta difícil discernir, por ejemplo, qué es hacer daño y qué no lo es.

Un alto precio

Evidentemente se puede seguir viendo la era digital exclusivamente como un salto cualitativo, como parte de la evolución para una sociedad que avanza, como lo fue en su momento la electricidad. Y ciertamente ha traído y traerá muchas facilidades increíbles, incluidas aquellas que nunca fueron soñadas por Julio Verne ni diseñadas en impecables bocetos de los genios renacentistas. Es evidente que a los artilugios a los que nos hemos adherido, que no pesan ni huelen, les debemos la simplicidad de pasear por el Louvre desde el sillón de la sala de estar en una casa de la Patagonia argentina o el poder conectarnos a tiempo real desde Singapur con un amigo en Oslo, así como compartir ideas interesantes por videoconferencia o por *streaming*, etc. Pero no pasemos por alto que ni sabemos qué futuro nos espera en relación con la influencia de la técnica en nuestras vidas, ni hasta qué punto somos ya sus rehenes. Porque convengamos que hay una cara oscura en esta era digital: la que se refiere al control intencional que demasiado a menudo escapa a nuestra percepción.

La era digital no solo nos empuja inexorablemente a ser más visibles, sino que lo hace cada vez con más fuerza. Y las nuevas generaciones están en el punto de mira. Se les pide que expongan su cuerpo y sus emociones, que acepten la permanente mirada del otro, que acepten ser evaluados, incluso a riesgo de que en cualquier momento puedan ser criticados ante muchos. ¡Y, desde luego, no es esto lo que necesitan entre los siete y los dieciocho años!

Con el auge de la era digital, que se propaga a un ritmo constante y con incontenible facilidad, hay un dolor silencioso entre los jóvenes que tiene que ver con dos aspectos que llevan el sello de los nuevos tiempos: la necesidad de control y la posibilidad de ser avergonzado ante la mirada permanente de los demás, que los mantiene alerta todo el tiempo.

El filósosfo y psicólogo francés Michael Foucault, en su célebre obra *Vigilar y castigar*, se refería a la modernidad como una época caracterizada por la vigilancia y el control. ¿Con qué objetivo? Para el filósofo, el único fin era diseñar individuos para la actividad productiva mediante la domesticación de su cuerpo, el dominio de su comportamiento y la contención de sus deseos. Un estilo de poder coercitivo con el cual las sociedades modernas se fortalecen en la medida en que pueden hacer más visible al sujeto, pues cuanto más visible se torna más fácil es de manejar. Con la gran ventaja de que, aquellos que son cada vez más conscientes de que están en un campo de permanente visibilidad, más fácilmente reproducirán en otros las mismas coacciones de poder y presiones que ejercen los demás sobre él.

El nuevo formato del *bullying* se ha convertido en una respuesta del control a los demás, porque quien ha aprendido a ejercer control sobre sí mismo, cuando no puede lograrlo, lo proyecta en otro.

La era digital ha traído de nuevo la capacidad de interpretar simultáneamente los dos papeles: ser ejecutor del propio sometimiento al control y ser observador y controlador de otro. ¿O no es verdad que las redes sociales no nos colocan en una especie de panóptico, similar a la cárcel circular ideada por el filósofo utilitarista Jeremy Bentham hacia fines del siglo XVIII, desde donde todos los presos eran visibles?

Hoy la cárcel creada por la tecnología, donde todos somos tan visibles como conscientes de nuestra visibilidad (como los presos), puede además alterar de un modo increíble nuestro comportamiento. Sencillamente porque el fenómeno digital, que sin duda nos ha dado la posibilidad de comunicación rápida, lleva cada vez a más niños y adolescentes a actuar de un modo obediente ante una pantalla, exponiéndose y comportándose prácticamente con la misma sumisión que aquellos reos de los que habla Foucault, recluidos en sus habitaciones frente a la pantalla del móvil o del ordenador, siendo plenamente conscientes de que en un momento u otro pueden estar en el objetivo de todas las miradas. Los niños y los adolescentes aprenden desde edades tempranas que ser humano significa también ser vigilantes de sí mismos, y de otros, desde nuevos espacios donde no hay ni refugio ni descanso.

Esto también lo trae consigo la era digital. Una era que recién empieza, pero que está haciendo del control un modo de relación.

Lo digital obliga a aceptar la vergüenza o la turbación por la propia exposición pública. Les obliga a pensar que se exhiben por propia decisión y que por ello han de soportar sentirse en un momento u otro incompetentes o incapaces de dar la talla ante la crítica de otro, manteniendo el mismo miedo y el mismo dolor social que mantienen en su interior.

Es hora de retomar la educación desde otro lugar. De ir contradirección, porque lo cierto es que el ser humano ha sido creado para construirse con los demás y para estar en contacto con la vida. No es ni sano ni justo pasar tanto tiempo en el doble juego de ser vigilado y vigilar. El nuevo paradigma educativo tiene que incluir la felicidad responsable. Los seres humanos necesitamos contacto cara a cara, en el mundo real, necesitamos el contacto visual y la espontaneidad, porque nos tenemos los unos a los otros.

Sin duda, hoy tenemos una nueva dinámica de relación, pero hay que educar desde un lugar que no nos haga creer que todo cuanto proviene del mundo digital soluciona la vida.

A veces, la complica.

A veces, la aleja.

Podemos seguir viendo la tecnología como una herramienta fácil, novedosa y con increíbles posibilidades que puede hacernos la vida mejor, pero ello no quita que desde la educación afrontemos la realidad de que lo gratuito –tecnológicamente hablando–, como por ejemplo la mensajería instantánea, esconde también una forma de dominación. Porque, como insiste el sociólogo y escritor de la Universidad de Harvard Richart Sennett, «lo que veíamos como útil ahora se revela como una manera de meterse en la conciencia de la gente antes de que podamos actuar. Las instituciones que se presentaban como liberadoras se convierten en controladoras. En nombre de la libertad, [...] nos han llevado por el camino hacia el control absoluto».[37]

Retomar el camino hacia nuestra humanidad, hacia nuestras conversaciones y hacia nuestras vidas reales, hacia nuestros cuerpos, hacia nuestra comunidad de humanos, mirándonos a los ojos, nos va a permitir que volvamos a pensar como grupo y a conectar con nuestro planeta.

De hecho, esta es la razón principal por la que he escrito este libro, para que de una vez por todas tomemos otra dirección. Para que dirijamos el foco hacia el ser humano de nuevo y nada frene esta nueva dinámica, para que empecemos ya a desmontar los cuatro mitos más importantes que van a ayudar a que las nuevas generaciones comprendan qué hay detrás de lo que ven y viven hoy como algo genial:

Primer mito

Los que tienen muchos seguidores son mejores personas. No es mejor persona ni más ser humano aquel que mantiene una alta reputación digital o aquel que se ha hecho más visible. De hecho, solo hay que ver cómo dejan de parecer buenas personas y con excelente aspecto quienes empiezan a alterar su comportamiento o hacen cosas cada vez más extrañas cuando creen que pueden perder seguidores o, lo que es lo mismo, *likes*.

Segundo mito

La opinión de los demás te ayuda a perfeccionar tu imagen pública. No es necesario estar pendientes de la opinión de los demás. No es una necesidad humana. Lo necesario es dar nuevas alternativas que promuevan una mayor felicidad mediante experiencias constructivas, para que las generaciones futuras dejen de lado la necesidad de formar parte del sistema de vigilancia perfectamente distribuida, desde donde solo saben contener el miedo ante la opinión de otros.

Tercer mito

Lo digital libera. No es verdad, solo es fácil de usar, tal vez mantenemos una relación práctica, incluso subjetiva (tratamos a nuestros terminales como parte de nosotros). Lo digital puede ayudarnos a encontrar detectores que nos sirvan para burlar restricciones que limiten libertades, pero perfecciona a diario sus propios sistemas para hacernos vivir en una sociedad vigilada. En una sociedad donde la información es polarizada permanentemente para crear enfrentamientos, con el fin de conseguir más tráfico en las redes y, por lo tanto, lograr más publicidad.

Cuarto mito

El *bullying* es un hecho puntual y aislado. Ya no. Frenarlo depende de aprender a tener conexiones positivas en el mundo real. Desde la educación debemos impedir en las aulas y en las familias la ruptura del vínculo, liberando emociones como la culpa y la vergüenza ante la mirada de control de los otros. Seamos entre todos conscientes de ello. Impidamos que el *bullying* llene los espacios vacíos de humanidad que abre el miedo o los intentos desesperados de que sean los otros quienes estén en el punto de mira, todos menos yo.

Quinto mito

Si todos controlamos a otro, yo no seré controlado. Mentira. Si bien es verdad que mientras hay un chivo expiatorio en un grupo los demás se sienten a salvo, y por eso colaboran con su silencio a mantener su situación, pero quienes observan y callan están en el mismo nivel de peligrosidad y tienen las mismas probabilidades de arrastrar de por vida el mismo trauma. Dicho de otro modo: no es verdad que, mientras otro es vigilado por una mayoría, esta misma mayoría está a salvo.

Hacia una nueva mirada para las emociones y los sentimientos

Por fortuna, las recientes investigaciones en el campo de la sociología de la emoción han puesto de manifiesto la necesidad de dirigir la atención hacia los aspectos sociales a la hora de comprender nuestras emociones y sentimientos, con el fin de observarlos desde la importancia de la interconexión.

Obviamente, cuando enfocamos nuestra atención hacia aquellos lugares que difieren en mucho de los mantenidos hasta el momento, para entender procesos sociales como el *bullying*, es necesario también haber empezado a poner en práctica algunos de los aspectos que nos hacen verdaderamente humanos y que se han descrito en este libro.

Fundamentalmente porque, como afirmó el filósofo y sociólogo alemán Georg Simmel (1858-1918), los procesos de violencia necesitan entenderse ante todo desde una ruptura del vínculo social que ha sido previa y que ha provocado el conflicto.[38]

La era digital ha facilitado la ruptura de las conexiones sociales, por lo cual ninguna estrategia educativa que no tenga en cuenta que dicha ruptura es previa también a fenómenos como el *bullying* no será lo efectiva que se espera ni servirá para una verdadera transformación social.

De modo que la pregunta ahora es: ¿Qué esperamos para empezar de una vez por todas a tener en cuenta en las aulas que los vínculos sociales son el más crucial de los motivos humanos?

Empecemos cuanto antes a preguntarnos hasta cuándo vamos a dejar que la tecnología les haga creer a los más jóvenes (y nos haga creer a todos) que desde las redes construimos vínculos o los mantenemos, cuando lo cierto es que a menudo resultan dañados.

Las redes sociales nunca serán un medio fiable para que aquellas relaciones que no funcionan en el mundo real puedan ser reparadas. El único medio para la conexión humana es mirarnos y entrar en sintonía con los demás en el mundo real, porque ante todo somos seres sociales y emocionales que hemos aprendido a razonar, y no a la inversa. Y en esto no hay mucho que discutir.

Si bien ser racionales nos ha permitido muchos descubrimientos y compartir el saber de muchos genios, tal vez se ha educado demasiado tiempo en una dirección contraria a la necesidad de formar parte de un grupo con el cual crecer y desarrollarnos, algo que hoy necesitan las nuevas generaciones más que nunca.

Y más que nunca están quedando fuera de juego los recursos y capacidades que nos permiten crecer con otros y aprender de otros. Así que no permitamos ser devorados por lo tecnológico, aceptemos que ha cambiado el modo de entendernos, pero llevemos esos aprendizajes al mundo real para vincularnos con los demás. Porque, no nos confundamos, los jóvenes no saben más que los padres o que los profesores porque manejan lo digital, su saber es solo instrumental, aún tienen mucho que aprender. Fundamentalmente, porque la verdadera brecha digital no es tener o no tener un artilugio de nueva generación, es saber conectar con o sin tecnología con los demás y enfrentarnos a las nuevas realidades de un modo más humano.

Escuelas que ponen primero el foco en lo que nos hace humanos

¿Cómo pueden las escuelas ayudar a sus estudiantes a canalizar la vergüenza y la ira, y la obligatoriedad de exponer el cuerpo y la intimidad como moneda de cambio, a no autoexcluirse, a no dañar a otros y a formar parte de un grupo dispuesto a parar el *bullying* desde sus primeras manifestaciones?

Más que nunca urge trabajar para que el desarrollo de la humanidad sea el motor de los aprendizajes académicos y aplicar muchas de las estrategias compartidas en estas páginas.

Educar para la paz exige un proceso previo por parte de padres y docentes, porque en el cuerpo se registran nuestras emociones sociales, y las que surgen de nuestros primeros ensayos sobre cómo relacionarnos. Así que siempre será necesario empezar por aquí, por los adultos. Porque los niños y los jóvenes, si los demás los ven bien, si reciben aprobación, se sienten halagados y orgullosos, en consecuencia estimulados y contentos, fácilmente sentirán entusiasmo por saber, por averiguar, por dar su punto de vista, por no dejarse embaucar... Sin embargo, cuando imaginan o perciben que el juicio del otro será negativo, cuando son un día tras otro sometidos al ridículo, entonces la vergüenza se convierte en un sentimiento que les duele y del que se quieren liberar. De hecho, la vergüenza es una emoción social que aparece con mucha facilidad cuando los juicios de los demás son negativos. Entonces empieza la rueda interminable de sentimientos autoinfringidos, procedentes de una autoevaluación negativa realizada por el niño o el adolescente pero siempre desde la perspectiva del otro, que lo juzga y lo señala.

Y todo ello ocurre mientras los adultos estamos felizmente enredados en un tejido inmaterial e intangible que ya sabemos que controla gran parte de la actividad humana, incluso la más privada y personal, desde la intimidad del hogar hasta los correos que escribimos a diario o los mensajes que enviamos, pero lo consentimos porque hemos aceptado ser parte del juego. Pero la educación de las nuevas generaciones no lo es.

De modo que no aceptemos perder de vista que la vida es un proyecto y una construcción. La escuela no puede seguir siendo un espacio donde hay que esconder las emociones sociales porque se siga creyendo que las emociones y los sentimientos en los colegios deben ser controlados para aprender mejor, y que incluso que deberían ser neutralizados y hasta eliminados en tiempos de exámenes, fantaseando con que solo así se podrá alcanzar una buena nota.

Es evidente que la razón permite logros, pero llegó hace apenas doscientos mil años, mientras que el cerebro límbico tiene cuatro millones de años, por lo tanto tenemos ese tiempo de sentimientos y de emociones; y tenemos una increíble inteligencia del corazón, una inteligencia intuitiva, inconsciente e irracional, absolutamente necesaria para nuestra creatividad.

¿Tan ciego está el ser humano del siglo XXI que no ve que dejar fuera de las aulas lo que hace a los alumnos verdaderamente humanos es como arrancarles una dimensión esencial? Es necesario salir de la pasividad asumida por los millones de consumidores de tecnología y extendida también a la educación.

Veinte cuestiones casi imprescindibles
más una fundamental

¿Cómo integrar en el currículum el desarrollo de lo que nos
hace humanos? ¿Qué hay que tener en cuenta a la hora de incluir en los programas educativos cuestiones como la imitación, el contagio social, la empatía, el apego, la capacidad de
sintonizar con los demás, el altruismo o la teoría de la mente...? Si hasta ahora nos hemos preguntado cómo hacemos los
humanos para cuidar de otros, incluyendo a todos los seres
que habitan nuestro planeta, o cómo hemos aprendido a adoptar el punto de vista de otras personas, lo que nos hace más
empáticos y más conectados, o cómo desarrollar la capacidad
de cuidar de otros, ahora es necesario llevar esas reflexiones
a las aulas, para que nada inhiba la facultad de la empatía y la
sensibilidad hacia los demás; para que los alumnos perciban
la diferencia entre estar o no estar en contacto cuando están
frente a frente con otras personas; para que detecten a tiempo
lo que les resulta doloroso en una relación de amistad o de
compañerismo, y puedan darle la vuelta. Porque lo bueno es
que estamos a tiempo. Somos por naturaleza seres receptivos
y relacionales, así que tengamos desde hoy mismo muy presente que tenemos que empezar a trabajar por ello veinte razones imprescindibles:

1. Las emociones y los sentimientos son el centro mismo de
   todo lo que ocurre durante el aprendizaje formal e infor-

mal, no solo de cada uno de los alumnos, sino de la escuela y de la sociedad.

2. No es inteligente dejar las emociones y las oportunidades del cerebro social fuera de los aprendizajes cognitivos, ya que ello equivale a quitarles a los alumnos estrategias que les son propias e inestimables.

3. Los jóvenes necesitan experimentar relaciones con los demás en el mundo real y vivenciarlas. Necesitan sentirlas y experimentarlas.

4. Es imprescindible buscar cada día estrategias para que niños y adolescentes puedan cuidar de otros y de sí mismos en las aulas.

5. Es suficiente dedicar cinco minutos cada día a inspirarlos para que aprendan a cuidar los vínculos.

6. Ahora que sabemos qué inhibe en ellos la facultad de la empatía y la sensibilidad, es importante tener en cuenta la importancia de fomentar sistemas de ayuda mutua, la cooperación y las clases al aire libre.

7. Es interesante usar los debates que ayudan a conversar y a pensar conjuntamente, especialmente si se trata de cambiar aquellas cosas que les perjudican. Así que, por qué no probar adaptar a cualquier etapa del ciclo educativo preguntas como: «¿Qué creéis que es más importante, tener conexiones personales potentes o estar conectados con mucha gente a través de una pantalla? ¿Por qué?».

8. El cuerpo y las emociones construyen la consciencia. Las emociones nos dicen qué ocurre, y luego eso que nos di-

cen se reproduce en la mente. Si no escuchamos nuestras emociones, poco a poco perdemos la habilidad de darnos cuenta de cómo son nuestras experiencias y de cómo movernos en la esfera social como seres humanos.

9. En un aula, el contacto visual entre los alumnos permite captar la atención de otros y estar en contacto con esas otras personas, aprendiendo a detectar la diferencia entre estar o no estar realmente sintonizado, fundamentalmente porque las relaciones humanas en el mundo real son mucho más complicadas y exigentes que las que podemos limpiar y abrillantar con la tecnología.

10. Acumular *likes* no es relacionarse, ni estar conectados es intercambiar información, ni ser feliz es armar un gueto de iguales, porque entre iguales no hay desafíos, todo está bien, y se apaga el circuito de la compasión.

11. La empatía forma parte de nuestra historia evolutiva, así que es vital ponerla en práctica en el aula.

12. Nada de lo que nos ocurre a los seres humanos es un hecho aislado, tampoco el *bullying* que ocurre en un entorno lejano del propio colegio. Y no lo es porque no podemos pensar que algo que ocurre a niños y adolescentes es un hecho aislado que no afecta. Es importante enseñar a los alumnos a sacar conclusiones de estos hechos porque todos estamos emocionalmente interconectados.

13. Urge que padres y docentes ayuden a los jóvenes a pensar en el tipo de conexión tecnológica que queremos tener, cómo queremos vivir aprovechando lo bueno que aporta.

14. Padres y docentes deben ayudar a pensar a los niños y adolescentes qué les da y qué les quita la tecnología. Si les permite dirigirse hacia donde desean ir o si los está llevando exactamente hacia donde no quieren, y se sienten interiormente más desconectados y más solos. Es importante probar este primer paso...

15. La tecnología nos facilita explorar diferentes aspectos de nuestro ser, pero ello no nos sirve de nada si solo los ejercitamos en el mundo virtual y no los llevamos al mundo real.

16. Padres y docentes pueden guiar a los adolescentes para que piensen si los dispositivos que llevan en sus bolsillos son un desafío tan grande a su fuerza psicológica que no solo puede estar cambiando lo que hacen sino lo que son como persona.

17. Es necesario ayudarles a entender que conectarse rápido no es conectarse mejor, porque desde un dispositivo no es posible saber qué puede pensar o entender el otro sobre lo que le decimos. No es posible construir al momento un diálogo con las ideas de uno y otro, o detectar si hay química; eso se logra con encuentros cara a cara en la vida real.

18. Es importante fomentar entre los alumnos conversaciones diarias al aire libre para que puedan experimentar cómo se sienten cuando comparten sus ideas sin tener la posibilidad de controlar lo que dicen (no lo pueden borrar como harían con un mensaje de texto o de voz), y para que apren-

dan que no pasa nada si dejan de mostrarse como quieren ser vistos por los demás en lugar de como son en verdad.

19. El aburrimiento es vital para el aprendizaje, la creatividad y la inteligencia intuitiva, y también para conectar mejor con la propia interioridad y con los demás. Y todos, independientemente de la edad que tengamos, necesitamos tomarnos tiempo para la autorreflexión.

20. Es imprescindible ayudar a los niños y adolescentes a identificar emociones y sentimientos, a ponerles nombre, a compararlos, a construir sentimientos positivos con decisiones personales, para que puedan dejar de tratar a sus teléfonos digitales como si fueran casi humanos y a los seres humanos que les rodean como si fueran casi máquinas.

Y la fundamental: ayudarles a encontrar su voz propia, la que nace de su interioridad, de su experiencia, de sus reflexiones, la que no se encuentra estando solo, sino que se va construyendo cada día, cuando se habla con otras personas, cuando reflexionamos, cuando defendemos nuestros puntos de vista y cuando compartimos desde lo que verdaderamente somos.

Notas

1. Piotr Kropotkin, *La ayuda mutua*, Editorial Biblioteca Básica de Pensamiento Revolucionario, Caracas, Venezuela, 2009.
2. Michael S. Gazzaniga, *¿Qué nos hace humanos? La explicación científica de nuestra singularidad como especie*, Paidós, Barcelona, 2010.
3. Según el neurocientífico y psicobiólogo, de la Universidad de California, Michael Gazzaniga, pionero en la investigación en neurociencia social y específicamente en neuroética.
4. Samir Amin, *El desarrollo desigual*, Planeta Agostini, Barcelona, 1974.
5. L. Murray; C. Trevarthan, «Emotional Regulation of Interaction between Two-Month-Olds and Their Mothers», en *Social Perception in Infants*, T.M. Fields y N.A. Fox (eds.), Ablex, Norwood, Nueva Jersey, 1985.
6. S. Valencia Botto y P. Rochat, «Sensitivity to the Evaluation of Others Emerges by 24 Months». *Developmental Psychology*, Vol. 54, n.º 9, 2018, págs. 1723-1734. http://dx.doi.org/10.1037/dev0000548.
7. Desde la Universidad de Yale, Karen Wynn, explora las capacidades cognitivas de bebés y niños pequeños. El Laboratorio de Cognición Infantil ha demostrado que los bebés poseen un instinto que les permite discernir entre el bien y el mal, lo bello y lo feo.
8. Robert Hepach y Katharina Haber (Department of Developmental and Comparative Psychology Max Planck Institute for Evolutionary Anthropology), Stéphane Lambert (Departement d'études cognitives CNRS, UMR8129, Institut Jean-Nicod, Ecole normale superieure – PSL Research University), Michael Tomasello (Department of Developmental and Comparative Psychology Max Planck Institute for Evolutionary Anthropology); *Toddlers Help Anonymously*; The Official Journal of the International Congress of Infants, Canadá, 2016.

9. C. Zahn-Waxler, M. Radke-Yarrow, E. Wagner y M. Chapman, «Development of concern for others», *Developmental Psychology*, 1992, 28, n.º 1, págs. 126-136. http://dx.doi.org/10.1037/0012-1649.28.1.126.

10. C.A. Brownell, M. Svetlova y S.R. Nichols, «Toddlers' prosocial behavior: from instrumental to empathic to altruistic helping», *Child Dev.* Noviembre-diciembre de 2010, vol. 81, n.º 16, págs. 1.814-1.827. doi: 10.1111/ j.1467-8624.2010.01512.x.

11. Smetana (1981), por otro lado, en un estudio ya clásico demostraba que los niños desde muy temprana edad eran capaces de distinguir entre moralidad y convicción social.

12. Piotr Kropotkin, *La ayuda mutua*, Biblioteca Básica del Pensamiento Revolucionario, Caracas, Venezuela, 2009.

13. https://www.ryanswell.ca/about-ryans-well/about-us-spanish-version/.

14. Luis Sepúlveda, *Historia de una gaviota y de un gato que le enseñó a volar*, Tusquets, Barcelona, 1999.

15. Janell Cannon, *Stelaluna*, Editorial Juventud, Barcelona, 1994.

16. Nora Rodríguez, *Neuroeducación para padres*, Ediciones B, Barcelona, 2016.

17. Hilary Richarson, Grace Lisandrelli, A. Riobueno-Naylor, Rebeca Saxe, «Development of the social brain from age three to twelve years», *Nature Communications*, vol. 9, n.º 1.027. doi: 10.1038/s41467-018-03399-2.

18. Estudios sobre sincronía entre los impulsos eléctricos cerebrales de distintas personas realizados por Moran Cerf, profesor de neurociencia y negocios de la Universidad de Northwestern (Estados Unidos).

19. Eline Snel, *Tranquilos y atentos como una rana*, Editorial Kairós, Barcelona, 1993.

20. ICCB, Institute on Child Resilience and Family, 1994.

21. Marie Demolliens, Faiçal Isbaine, Sylvain Takerkart, Pascal Huguet, Driss Boussaoud, «Social and asocial prefrontal cortex neurons; a new look at social facilitation and the social brain», *Neurociencia Social Cognitiva y Afectiva*, 1 de agosto de 2017, vol. 12, n.º 8, págs. 1.241-1.248, https://doi.org/10.1093/scan/nsx053. Publicado: 11 de mayo de 2017.

22. Boris Cyrulnik, *Los patitos feos: La resiliencia. Una infancia infeliz no determina la vida*, Gedisa, Barcelona, 2002.

23. Jingzhi Tan y Brian Hare, de la Universidad de Duke, Estados Unidos. En la revista *Plos One*.

24. Lara Aknin, de la Universidad de Simon Fraser, y sus colegas publicaron en *Journal of Personality and Social Psychology* que el acto de donar nos genera los mismos sentimientos de bienestar que nos producen la comida y el sexo. Todos funcionan de acuerdo a un sistema de recompensas inmediatas, dispuesto en nuestro cerebro, otorgándonos placer y felicidad, y contribuyendo a la supervivencia.

25. http://www.gallup.com/analytics/213704/world-poll.aspx.

26. Arthur Shopenahuer, *El arte de ser feliz*, Herder Editorial, Barcelona, 2013.

27. Michael Gazzaniga, *Qué nos hace humanos*, Paidós, Barcelona; págs. 106-107.

28. Meltem Yucel, Amrisha Vaish, *Young children tattle to enforce moral norms.* 5 de abril de 2018; https://doi.org/10.1111/sode.12290.

29. Frans De Waal, *La edad de la empatía. ¿Somos altruistas por naturaleza?*, Tusquets, Barcelona, 2011, pág. 174.

30. Felix A. Hager, Wolfgang H. Kirchner, «Vibrational long-distance communication in the termites Macroterme», *Journal of Experimental Biology,* 2014, vol. 217, págs. 2.526-2.530; doi: 10.1242/jeb.103184.

31. Carol S. Dweck, profesora de la cátedra Lewis y Virginia Eaton de Psicología Social en la Universidad Stanford, llama mentalidad de crecimiento a aquella que nos permite afrontar mejor los retos al creer que nuestras habilidades personales pueden desarrollarse.

32. La doctora Suzanne Simard, profesora de ecología forestal, enseña en la Universidad de Columbia Británica cómo los árboles más grandes cuidan de los más pequeños y se comunican.

33. Stephen Kaplan, Marc G. Berman, *La atención dirigida como un recurso común para el funcionamiento ejecutivo y la autorregulación*, publicado por primera vez el 5 de mayo de 2017. Artículo de investigación. https://doi.org/10.1177/1745691609356784.

34. Yoshifumi Miyazaki, antropólogo y vicedirector del Centro de Medio Ambiente, Salud y Estudios de Campo de la Universidad de Chiba, Tokio.

35. John Caccioppo, «Social Neuroscience and Social Genomics: The Emergence of Multi-Level Integrative Analyses». [Neurociencia social y genómica social: el surgimiento del análisis interdisciplinario] *International Journal of Psychological Research*. 20 de mayo de 2013. http://www.scielo.org.co/scielo.php?pid=S2011-20842013000300001&script=sci_art text &tlng=es.

36. *Op. cit.*, nota 37.

37. Artículo de *El País*, de Zabalbescoa Anatxu, «Richard Sennet: Lo gratuito conlleva siempre una forma de dominación», https://elpais.com/elpais/ 2018/08/09/eps/1533824675_957329.html?id_externo_rsoc=FB_CM 19 de agosto del 2018.

38. Th. Scheff, «Shame and conformity: the deference-emotion system», *American Sociological Review*, 1998, vol. 53, n.º 3, págs. 395-406.

Bibliografía

Adler, A., *El carácter neurótico*, Planeta Agostini, Barcelona, 1985.

Aguilar, M., Llanos, J., y Pacheco, A., «Huellas imborrables», *Psicogente*, n.º 8, 2001, págs. 17-25.

Amar, José Juan, y Madariaga, Camilo, «El contrato Ciencia/Sociedad y la atención integral de la infancia», *Revista Psicología desde el Caribe*, Universidad del Norte, n.º 12, 2003, págs. 52-75.

Amin, Samir, *El desarrollo desigual*, Planeta Agostini, Barcelona, 1974.

André, Christophe, y Legeron, Patrich, *El miedo a los demás: miedo escénico, timidez y fobia social*, Bilbao, Ediciones Mensajero, 1997.

Anne Collins, y Etienne Koechlin, «Reasoning, Learning, ang Creativity: Frontal Lobe Function and Human Decision-Making», *PloS Biology*, DOI: 10.1371/journal.pbio.1001293. Publicado el 27 de marzo del 2012.

Armesto, M. Krimer, y Pugliese y Rojas, C., «Aspectos psicopatológicos del niño maltratado: tipología, psicodrama y campo de investigación psicosomática», *Revista Argentina de Psiquiatría y Psicología de la Infancia y Adolescencia. Assapia*, n.º 1, Paidós, Buenos Aires, 1971.

Ausebel, D., y Sullivan, E., *El desarrollo infantil*, Buenos Aires, Paidós, Buenos Aires, 1980.

Ausubel, *et al.*, *Psicología educativa*, Trillas, México, 1990.

Bandura, A., *Aggression: A social learning analysis*, Englewood Cliffs, Nueva Jersey, 1962.

Barbier, Frédéric, y Bertho Lavenir, Catherine, *Historia de los medios. De Diderot a Internet*, Colihue, Buenos Aires, 1999.

Bartal, I.B., Decety, J., y Mason, P., «Empatía y comportamiento pro-social en ratas», *Science*, vol. 334, n.º 6061, 2011, págs. 1.427-1.430. doi: 10.1126 / science.1210789.

Barudy, J., y Dantagnan, M., *Los buenos tratos a la infancia*, Gedisa, Barcelona, 2005.

Barudy, J., *El dolor invisible de la infancia. Una lectura ecosistémica del maltrato infantil*, Paidós, Barcelona, 2003.

Bauman, Zygmunt, *Vida líquida*, Paidós, Barcelona, 2006.

Beard, M. Ruth, *Psicología evolutiva de Piaget*, Kapelusz, Buenos Aires, 1982.

Bion, W.E., *Aprendiendo de la experiencia*, Paidós, Buenos Aires, 1966.

Biren, Richard L., *Nah, nah, nah!: A comprehensive teasing-education manual for grades 3-5*, Marco Products, Warminster, 1997.

Blakemore, Sarah-Jayne, y Frith, Uta. *Cómo aprende el cerebro: las claves para la educación*, Ariel. Barcelona, 2012.

Blanchard, Ken, y O'Connor, Michael, *Administración por valores*, Norma, Bogotá, 1997.

Blumstein, D.T., «Hacia una comprensión integradora del comportamiento social: nuevos modelos y nuevas oportunidades», *Frontiers in Behavioral Neuroscience*, vol. 4, 2010, págs. 1-9. doi: 10.3389 / fnbeh.2010.00034.

Boschma, Jeroen, y Groen, Inez, *Generation Einstein*, Gestión 2000, Barcelona, 2008.

Bourdieu, P., y Passerow, J.C., *La reproducción. Elementos para una teoría del sistema de enseñanza*, Laia, Barcelona, 1977.

Bourdieu, P., «Champ intellectuel et projet créateur», *Les Temps Modernes*, n.º 246, 1966.

Bourdieu, P., *Sociología y cultura*, Grijalbo, Buenos Aires, 1990.

Bowlby, J., *El vínculo afectivo*, Paidós, Buenos Aires, 1976.

Breton, Philippe, *L'utopie de la communication. Le mythe du village planétaire, París, La Découverte & Syros*, Buenos Aires, Nueva Visión, 2000.

Burns, David D., *El manual de ejercicios de sentirse bien*, Barcelona, Paidós Autoayuda, 1999.

Cacioppo, J.T., Amaral, D.G., Blanchard, J.J., Cameron, J., Carter, C., Crews, D. *et al.* Quinn, K.J., «Social Neuroscience: Progress and Implications for Mental Health», *Perspectives on Psychological Science*, vol. 2, n.º 2, 2007, págs. 99-123.

Cacioppo, J.T., y Berntson, G.G., «Social Psychological Contributions to the decade of the Brain. Doctrine of Multilevel Analysis», *American Psychologist*, vol. 47, 1992, págs. 1019-1028.

Cacioppo, J.T., y Hawkley, L.C., «Perceived Social Isolation and Cognition», *Trends in Cognitive Sciences*, vol. 13, n.º 10, 2009, págs. 447-454.

Cacioppo, S., Bianchi-Demicheli, F., Frum, C., Pfaus, J.G., y Lewis, J.W., «The Common Neural Bases Between Sexual Desire and Love: A Multilevel Kernel Density fMRI Analysis», *The Journal of Sexual Medicine*, vol. 9, n.º 4, 2012, págs. 1.048-1.054. doi: 10.1111 / j.1743-6109.2012.02651.x.

Cacioppo, S., y Cacioppo, J.T., «Decoding the Invisible Forces of Social Connections», *Frontiers in Integrative Neuroscience*, vol. 6, julio de 2012, pág. 51. doi: 10.3389 / fnint.2012.00051.

Carriolo, E., *La adaptación inteligente: de los esquemas a la representación*, Ficha del Departamento de Psicología Evolutiva, Universidad de Buenos Aires.1999

Casafont, R., *Viaje a tu cerebro emocional*, Ediciones B, Barcelona, 2014.

Castell, Manuel, «Lección inaugural del programa de doctorado sobre la Sociedad de la Información y el Conocimiento», 2003.

—, *Observatorio global: crónicas de principios de siglo*, Libros de Vanguardia, Barcelona, 2006.

Churchland Patricia S., *El cerebro moral. Lo que la neurociencia nos cuenta sobre la moralidad*, Paidós, Barcelona, 2012.

Cohen-Posey, K., *How to Handle Bullies, Teasers, and Other Meanies*, Rainbow Books, Highland City, 1995.

Coleman, J.S., «Social capital in the creation of human capital», *American Journal of Sociology*, 1993.

Colombo, G., y Palermo, A., «El encuentro creativo de las madres en su vínculo con la escuela», *Revista Española de Investigaciones Sociológicas*, n.º 55, 1991.

Comellas, M.J., y Mardomingo, M.J., *El entorno social del niño y del adolescente*, Laertes, Barcelona, 1998, págs. 96-109.

Comellas, M.J., «El entorno y su respuesta ante la diversidad de género: la educación del/de la niño/a y del/de la adolescente». En *El entorno social, niño y adolescente*, Laertes, Barcelona, págs. 96-109.

Crawford, C.B., «The theory of evolution: of what value to psychology», *Journal of Comparative Psychology*, vol. 103, 1989, págs. 4-22.

Cyrulnik, B., *Los patitos feos. La resiliencia: una infancia infeliz no determina la vida*, Gedisa, Barcelona, 2005.

—, *De cuerpo de alma. Neuronas y afectos: La conquista del bienestar*, Gedisa, Barcelona, 2007.

Daly, M., y Wilson, M., «Evolutionary social psychology and family homicide», *Science*, vol. 242, 1988, págs. 21-35.

Damasio, A., *En busca de Spinoza: neurobiología de la emoción y los sentimientos*, Editorial Crítica, Barcelona, 2005.

—, *El error de Descartes: la emoción, la razón y el cerebro humano*, Editorial Crítica, Barcelona, 2006.

David, M.E., Edwards, R., Hughes, M., y Ribbens, J., *Mothers and Education: Inside Out? Exploring Family-Education Policy and Experience*, Macmillan, Londres, 1993.

Davidson, Richard, y Begley, Sharon, *El perfil emocional de tu cerebro: claves para modificar nuestras actitudes y reacciones*, Destino, Barcelona, 2012.

Dehaene, Stanislas, *The Number Sense: How the Mind Create Mathematics* (edición revisada y actualizada), Oxford University Press, Oxford, 2011.

Dilts, Robert, *Visionary Leadership Skills*, Meta Publications, Capitola, 1997.

Dolto, Francoise, *La imagen inconsciente del cuerpo*, Paidós, Barcelona, 1994.

—, *¿Tiene el niño derecho a saberlo todo?*, Paidós, Barcelona, 1999.

—, *Las etapas de la infancia*, Paidós, Barcelona, 2000.

—, *Los trastornos en la infancia*, Paidós, Barcelona, 2001.

—, *La causa de los adolescentes*, Paidós, Barcelona, 2004.

Donaldson, Z.R., y Young, L.J., «Oxitocina, vasopresina y la neurogenética de la sociabilidad», *Science (Nueva York, NY)*, vol. 322, n.º 5.903, 2008, págs. 900-904. doi: 10.1126 / science. 1158668.

Drucker, Peter, «Magnaging oneself», *Harvard Business Review*, *Nature Neuroscience*, vol. 15, 2005, págs. 669-674.

Drucker, Peter, *Las nuevas realidades*, Edhasa, Barcelona, 1989.

Dunbar, R.I.M., «La hipótesis del cerebro social y sus implicaciones para la evolución social», *Anales de biología humana*, vol. 36, n.º 5, 2009, págs. 562-572.

—, «El cerebro social se encuentra con la neuroimagen», *Tendencias en las ciencias cognitivas*, vol. 16, n.º 2, 2012, págs. 101-102. doi: 10.1016 / j.tics.2011.11.013.

Durlak, J.A. *et al.*, «The impact of enhancing students' social and emotional learning: a meta-analysis of school-based universal interventions», *Child Development*, vol. 82, n.º 1, 2011, págs. 405-432.

Eisenberger, N.I., y Cole S.W., «Social Neuroscience and Health: Neurophysiological Mechanisms Linking Social Ties with Physical Health», *Nature neuroscience*, vol. 15, 2012, págs. 669-674. doi: 10.1038 / nn.3086.

Erskine, R.G., y Trautmann, R. L., «The process of integrative psychotherapy». En R.G. Erskine, *Theories and methods of an integrative transactional analysis: A volume of selected articles*, TA Press, San Francisco, 1993.

Flook L. *et al.*, «Mindfulness for teachers: A pilot study to assess effects on stress, burnout and teaching efficacy», *Mind, Brain and Education*, vol. 7, n.º 3, 2013, págs. 182-195.

Flook L. *et al.*, «Promoting prosocial behavior and self-regulatory skills in preschool children through a mindfulness-based Kindness Curriculum», *Developmental Psychology*, vol. 51, n.º 1, 2015, págs. 44-51.

Fonagy, P., «Las persistencias transgeneracionales del apego: una nueva teoría», *Aperturas Psicoanalíticas*, n.° 33. Extraído en septiembre de 2005 de http://www.aperturas.org.

Fossion, P., y Rejas, M.C., «La transmisión transgeneracional de los traumas», *Revista Redes: Revista de Psicoterapia Relacional e Intervenciones Sociales*, n.° 7, 2000, págs. 53-73.

Foucault, Michel, *Surveiller et punir*, Gallimard, París, 1975.

Freud, Sigmund, «Psicología de masas y análisis del yo», *Obras completas*, vol. III., Biblioteca Nueva, Madrid, 1981, págs. 2.563-2.603.

Frith, U., y Frith, C., «La base biológica de la interacción social», *Instrucciones actuales en Psychological Science*, vol. 10, n.° 5, 2001, págs. 151-155. doi: 10.1111 / 1467-8721.00137.

Gadner, Howard, *Inteligencias múltiples. La teoría en la práctica*, Paidós, Barcelona, 2011.

Garfield, Charles A., y Bennett, Hal Zina, *Rendimiento máximo. Técnicas de entrenamiento mental de los grandes campeones*, Ediciones Martínez Roca, Barcelona, 1987.

Gazzaniga, Michael S., *El cerebro social*, Alianza, Madrid, 1993.

—, *Cuestiones de la mente: cómo interactúan la mente y el cerebro para crear nuestra vida consciente*, Herder, Barcelona, 1998.

—, *El pasado de la mente*, Andrés Bello, 1998.

—, *El cerebro ético*, Planeta, Barcelona, 2010.

—, *¿Qué nos hace humanos? La explicación científica de nuestra singularidad como especie*, Paidós, Barcelona, 2010.

—, *¿Quién manda aquí? El libre albedrío y la ciencia del cerebro*, Paidós, Barcelona, 2012.

Goleman, D., «Emotional Intelligence: Why It Can Matter More Than IQ», 1996.

—, *El punto ciego. Psicología del autoengaño*, Plaza y Janés, Barcelona, 1997.

—, *Inteligencia emocional*, Editorial Kairós, Barcelona, 1997.

Klaus, M.H., y Kennell, J.H., *Pais/bebê: a formação do apego*, Artes Médicas, Porto Alegre, 1993.

Kotter, John P., *La verdadera labor de un líder*, Norma, Bogotá, 1999.

Maffessoli, Michel, *El tiempo de las tribus*, Icaria, Barcelona, 1990.

Mahler, *El nacimiento psicológico del infante humano*, Marymar, Buenos Aires, 1977.

Malinowski, Bronislaw, *Crimen y costumbre en la sociedad salvaje*, Planeta de Agostini, Barcelona, 1985.

Mora, Francisco, *¿Cómo funciona el cerebro?*, Alianza, Madrid, 2002.

Ramachandran, V.S., *Lo que el cerebro nos dice: los misterios de la mente humana al descubierto*, Paidós, Barcelona, 2012.

Robinson, Ken, *El elemento*, Debolsillo, Barcelona, 2011.

Rodríguez, Nora, *Conoce a tu hijo a través de los dibujos*, Barcelona, Océano, 2011.

—, *Del mobbing al burnout*, Océano, Barcelona, 2013.

—, *Educar niños y adolescentes en la era digital*, Paidós, Barcelona, 2012.

Scheff, Th., *Bloody Revenge. Emotions, Nationalism and War*, Westview Press, San Francisco, 1994.

—, «Shame and conformity: the deference-emotion system», *American Sociological Review*, vol. 53, n.º 3, 1998, págs. 395-406.

—, y Retzinger, S.M, *Emotion and Violence: Shame and Rage in Destructive Conflicts*, Lexington Books, Lexington, 1991.

Schore, A.N., *Affect Regulation and the Origing of the Self: the Neurobiology of Emotional Development*, Erlbaum Hillsdale, 1994.

—, «The experience-dependent maturation of a regulatory system in the orbito prefrontal cortex and the origing of developemental psychopathology», *Development and Psychopathology, California*, vol. 8, 1996, págs. 59-87.

Seligman M., *Learned Optimism*, Pocket Books, Nueva York, 1998.

Siegel, D.J., *La mente en desarrollo: Hacia una neurobiología de la experiencia interpersonal*, Guilford Press, Nueva York, 1999.

Spitzer, R., *Formación de conceptos y aprendizaje temprano*, Paidós, Buenos Aires, 1978.

Stern, D.N., *El mundo interpersonal del infante*, Basic Books, Nueva York,1985.

Tomasello, M., y Camaioni, L., «Una comparación de la comunicación gestual de los simios y los humanos los lactantes», *Desarrollo Humano*, n.º 40, 1997, págs. 7-24.

Tonucci, Francesco, *Cuando los niños dicen ¡basta!*, Fundación Germán Ruipérez, Madrid, 2002.

—, «La ciudad de los niños: el rol profético de la infancia en tiempos de crisis», XXI Congreso Interamericano de educación católica, Buenos Aires, 5-10 de febrero de 2007.

Trevarthen, C., «El crecimiento y la educación de los hemisferios». En: C. Trevarthen (ed.), *Circuitos cerebrales y las funciones de la mente*, Cambridge University Press, Cambridge, Reino Unido, 1990, págs. 334-363.

Tronick, E.Z., «Las emociones y la comunicación emocional en bebés», *American Psychologist*, n.º 44, 1989.

Tucker, D.M., «Developing emotions and cortical networks». En: M.R. Gunnar y C.A. Nelson (eds.), *The Minnesota symposia on child psychology*, vol. 24, 1992, págs.75-128.

editorial **K**airós

Puede recibir información sobre
nuestros libros y colecciones inscribiéndose en:

www.editorialkairos.com
www.editorialkairos.com/newsletter.html
www.letraskairos.com

Numancia, 117-121 • 08029 Barcelona • España
tel. +34 934 949 490 • info@editorialkairos.com